本书受"北京市首批重点建设马克思主义学院经费（北京科技大学）资助"，北京市社会科学基金重大项目暨北京市习近平新时代中国特色社会主义思想研究中心项目"人类文明形态演进历程与新时代中国文明形态研究"（项目编号：21LLMLA074）和中央高校基本科研业务费项目"新时代马克思主义理论学科高质量发展"（编号：FRF-BR-23-06B）的阶段性成果。

光明社科文库
GUANGMING DAILY PRESS:
A SOCIAL SCIENCE SERIES

·政治与哲学书系·

城市主体哲学研究

耿芳兵 | 著

光明日报出版社

图书在版编目（CIP）数据

城市主体哲学研究 / 耿芳兵著. -- 北京：光明日报出版社，2023.12
ISBN 978-7-5194-7654-0

Ⅰ.①城… Ⅱ.①耿… Ⅲ.①城市—哲学—研究
Ⅳ.①B

中国国家版本馆 CIP 数据核字（2023）第 250119 号

城市主体哲学研究
CHENGSHI ZHUTI ZHEXUE YANJIU

著　　者：耿芳兵			
责任编辑：李壬杰		责任校对：李　倩　董小花	
封面设计：中联华文		责任印制：曹　净	

出版发行：光明日报出版社

地　　址：北京市西城区永安路 106 号，100050

电　　话：010-63169890（咨询），010-63131930（邮购）

传　　真：010-63131930

网　　址：http://book.gmw.cn

E – mail：gmrbcbs@gmw.cn

法律顾问：北京市兰台律师事务所龚柳方律师

印　　刷：三河市华东印刷有限公司

装　　订：三河市华东印刷有限公司

本书如有破损、缺页、装订错误，请与本社联系调换，电话：010-63131930

开　　本：170mm×240mm	
字　　数：186 千字	印　　张：15
版　　次：2024 年 3 月第 1 版	印　　次：2024 年 3 月第 1 次印刷
书　　号：ISBN 978-7-5194-7654-0	

定　　价：95.00 元

版权所有　　翻印必究

前　言

　　伴随着城市化的高速发展，建构当代城市哲学以回应城市现实问题变得十分迫切。本书依托国内外城市研究的现有成果，试图从主体维度讨论城市哲学研究中的方法论建构问题，以此来回应西方的"空间转向"及"历史唯物主义空间缺场"等理论问题。

　　结构主义和人本主义的诠释路径组成了今天人们阐释城市的主流方案。鉴于上述两种方案都有其产生的历史背景和具体的批判对象，偏颇于其中任何一种诠释方案都有偏颇，因而无法给予城市一个合理性解释。城市哲学凭借对人类主体力量的重视而剥离于其他城市相关学科，然而与城市哲学本身相对应的理论研究方法问题仍不够明确，这不仅关乎学科本身建立的合法性问题，更影响着人在何种程度上理解城市。历史唯物主义启示了城市哲学研究中具有叙事功能的空间范式的可能性，由此能析出城市主体这一理论模型。城市主体作为以政治经济学批判的科学方法和以共产主义理想为代表的人文精神的结合体，在一定程度上弥合了结构主义和人本主义两种路径的分歧，有利于城市哲学在其研究方法上脱离纯主观和纯客观的极端取向。

　　城市主体与以往抽象的主体思想不同，城市主体植根于历史唯物主义改造空间的实践活动。城市作为人改造自然的实践产物，对其的改造过程体现了人运用客观规律并进行空间实践的主体力量。与此同时，人在改造城市的过程中，将部分本质转移给城市中的建筑、街道、广场等客观对象，作为实践产物的城市反过来承载了人类意愿、记忆与情感，进而影响了城市的发展进程。城市与主体的结合过程在宏观维度上体现为对经济、政治与文化层面的考察，在微观维度上体现为对城市建筑、街道与公共广场的总体分析。最终，二者统一于以主体治理为核心的现实维度。

就当下城市现实而言，城市社会的种种困境体现为个体与共同体的矛盾与分歧。在此基础上，提出"城市共同体"理论以寻找城市现实维度的解决策略，凸显了城市哲学指向现实的理论姿态。

论文结构如下：导论部分介绍了城市哲学的研究背景、研究意义以及国内外学者对城市研究哲学理论的研究现状。将城市哲学从人文地理学、城市建筑学等学科中剥离出来，赋予了城市哲学作为理论研究对象的合理性。

第一章接续导论部分，进一步厘清以往学者理解城市的两种方案。结构主义的诠释方案来源于人文地理学中的结构主义思潮。该方案侧重透过事物的表象，揭示业已建构或正在建构的解释性要素。与此同时，结构主义诠释方案吸取了实证主义中对事实陈述的经验方法，试图建构理论以解释所观察到的城市现象。人本主义诠释方案则立足于人的现代性体验，强调个人创造世界的主动性，反对非重复性的经验和事实真理。在城市研究中，人本主义诠释方案转化为对资本主义社会的批判过程。对以上两种主流诠释方案的割裂化阐释使城市哲学既无法成为一门严格意义上的科学，也无法避免流于个体感性批判的民间哲学。无论选择上述哪一种方案都无法给予城市哲学一个合理性解释，因而寻找一种兼容科学与人文、批判与建构的城市哲学研究方法十分必要。

历史唯物主义理论提供了一条可行的研究城市的方法论路径。首先，将空间从"容器"的名词意义转向"空间叙事"的动词意义。其次，空间作为一种新的人类理解世界的方式与空间实践相结合，昭示了空间化产物——城市的诞生。最后，从现代性的批判视域出发，析出城市主体这一分析城市的叙述范式，弥合了城市的客观属性与人的主体性地位相割裂的困境。

第二章讨论了城市主体的产生与发展过程。不同于传统哲学理论中的主体思想，城市主体成长于城市与资本逻辑的剥离过程。一方面，研究城市主体遵循政治经济学批判路径。尽管主体在城市现代化过程中历尽诸如"无产幻象"与"物产幻象"的种种曲折，但并不影响城市哲学"城以为人"的理论指向。另一方面，城市发源于市民社会，城市主体在立足实践的过程中催生了以共产主义理想为代表的城市未来精神。城市主体本身的实践属性与批判精神为城市哲学研究提供了融合主观与客观的方法论依据。

第三章、第四章、第五章主要分析城市主体作为叙事范式的实际应用过程。其中，第三章对城市主体的宏观维度分析与第四章对城市主体的微观维度分析统一于第五章城市社会的现实维度。在研究思路上，整体上遵循了城市哲学从宏观到微观，从理论到现实的研究路径。

具体而言，第三章试图依托城市主体的研究范式，从宏观层面勾勒城市主体以空间生产为条件的基础维度，以空间治理智慧为代表的政治维度和以精神气度为表征的文化维度。与此同时，本章从城市主体的角度回应和比较了西方城市研究中的如"士绅化""帝国""闲逛者"等西方城市研究中的热点现象。

第四章从微观视角出发，分析了城市中常见的如建筑、街道、公共广场等客观要素，对其总体规定进行重新阐释。借助城市主体的分析框架批判了以往对城市的"物性"解释，发现了蕴含其中的主体因素，进而引出解决城市社会中个体与共同体分歧的现实困境。

第五章围绕城市社会中个体与共同体的分歧予以讨论，提出"城市共同体"这一城市主体理论的现实化路径，进一步彰显了城市哲学在现实维度的理论张力。

目 录
CONTENTS

绪论 ·· 1
  第一节　研究缘起 ··· 1
    一、研究背景 ··· 1
    二、研究意义 ··· 3
  第二节　文献综述 ··· 6
    一、国外研究状况 ·· 6
    二、国内研究状况 ·· 11
  第三节　研究难点与创新点 ·· 14
    一、研究难点 ··· 14
    二、创新点 ··· 15

第一章　城市哲学研究中的两种诠释方案及其困境 ········ 17
  第一节　结构主义的诠释方案 ···································· 18
  第二节　人本主义的诠释方案 ···································· 23
    一、价值评判 ··· 24
    二、心理范畴与空间体验 ··· 25
  第三节　两种方案割裂阐释的危机 ···························· 28

第四节 解决方案：空间叙事范式的可能性 ········· 31
 一、历史唯物主义空间化阐释面临的双重困境 ····· 31
 二、空间范式的转换及其具体形态 ··············· 34
 三、范式及其未来：通向空间叙事的重构之路 ····· 42

第二章 城市主体的产生与发展过程 ············· 48

第一节 资本逻辑与人的主体地位 ················· 48
 一、资本与城市的耦合关系 ····················· 49
 二、城市主体及其空间感重建 ··················· 53
 三、"城以为人"：城市研究中的人学旨归 ········· 59

第二节 城市主体的政治经济学批判路径 ··········· 64
 一、方法论缘起：马克思对国民经济学抽象"人口"概念的批驳 ································· 64
 二、"无产者"与"物产者"：城市主体的双重幻象 ··· 70
 三、城市主体力量的显现 ······················· 75

第三节 城市主体的市民社会基础催生出共产主义理想 ··· 81
 一、市民社会的基础 ··························· 81
 二、主体的实践过程 ··························· 85
 三、共产主义理想为代表的城市精神 ············· 90

第三章 城市主体之宏观维度分析 ················ 94

第一节 基础维度：全球化视域下的城市发展 ······· 94
 一、空间生产与全球城市 ······················· 94
 二、全球性与地方性的诸种特点 ················· 97
 三、"士绅化"与城市主体的动态更新 ············ 101

第二节　政治维度：城市主体的空间治理智慧 ………… 105
　一、空间潜藏的政治关系 ………………………………… 105
　二、"城市革命""帝国"等空间政治症候 ……………… 111
　三、阐扬城市治理中的主体向度 ………………………… 114

第三节　文化维度：城市主体的精神气度 ………………… 117
　一、"恶"的城市与文化焦虑 …………………………… 117
　二、"闲逛者"视角 ……………………………………… 121
　三、精神气度：一种对抗屈从的主体力量 ……………… 124

第四章　城市主体之微观维度分析 ……………………… 127

第一节　建筑本质的存在规定 ……………………………… 127
　一、对作为抽象尺度建筑物批判的若干意见 …………… 128
　二、建筑蕴含的人与空间关系的三重规定 ……………… 133
　三、走向家园：共同意义上的家园重建 ………………… 140

第二节　街道蕴含的个体性与公共性 ……………………… 143
　一、历史上的"奥斯曼"改造计划 ……………………… 144
　二、"伟大的街道"：公共性与个体性的交织 …………… 148
　三、走向公共生活的典范：城市街道 …………………… 156

第三节　公共广场的总体规定 ……………………………… 160
　一、"到广场去！"：纪念碑与集体记忆呈现 …………… 160
　二、城市公共空间的双重要素：建筑退让与街道支撑 … 164
　三、城市公共精神：场所精神的现代塑造 ……………… 168

第五章　城市社会之现实维度分析 ……………………… 171

第一节　城市社会的个体与共同体之辨 …………………… 171

一、城市视角下关于个体与共同体的争论 …………… 172
　　二、城市社会中个体与共同体的样态 ………………… 175
　　三、超越路径：构建"城市共同体" …………………… 180
第二节　"城市共同体"的呈现样态 ……………………… 185
　　一、自然向度：摆脱"对立错觉"的城乡观 ………… 188
　　二、生产向度：超越"物物交往"的现实异化困境 … 190
　　三、社会向度：扬弃"虚假共同体"的未来城市愿景 … 193
第三节　"城市共同体"的治理路径 ……………………… 197
　　一、分工与多样性：城市系统的形成 ………………… 198
　　二、城市治理可能路径 ………………………………… 202
　　三、回归治理主体的当代任务 ………………………… 204

参考文献 ………………………………………………… 209

后记 ……………………………………………………… 225

绪　论

第一节　研究缘起

城市作为人类文明的最重要成果，一直在社会科学研究中扮演着重要角色。现代以来，伴随着全球化视域下资本主义的地理扩张，城市逐渐脱离了原有单一的自然属性（军事、农业、定居、防卫等功能），愈发体现出与人的日常空间实践相关的社会属性。城市作为发展了的实践产物，是人改造空间且改造自身的主动过程，蕴含着人的本质性力量。因而，如何理解城市关涉如何理解人自身。本质上，城市研究是对个体生命状态的内在求解，昭示了人在城市中的主体性地位。

一、研究背景

城市具有多面性，人们对城市的评价在不同的历史时代呈现出截然不同的态度。在欧洲历史上，以古罗马和古希腊为原型的城邦形象不断受到后来学者的美化与推崇。启蒙时代以来，城市被视为人类文明和生产力进步的突出代表。然而在工业革命之后，城市愈发与乡村对立，一度成为肮脏与混乱的代表。① 人对城市有着差异的甚至完全对立的评价，这总是与其所处的历史时代背景有关。当人们谈论城市的时候，城市本身只不过是以一种"缺席"的方式在场。人们可能谈论地点，因为"在总体上，空间认知具有强烈的现场感"。② 没有一个人会说我要去"城市"，相反，在他脑海中出现的必定是"某个"城市，一个距离可达的、空间可经验的具体事物。即便城市不断地以一种具体的方式显现在日常对话中，诸如此类的对话也表明城市始终是一个模糊的形象。人们不断地将个体体验融入城市中，使城市具有了不同的面貌，城市本身的内核也不断地更新与转换。因此，以一种静态的思维考量城市已经难以满足实际要求，另寻一条考量城市的可行路径势在必行。

既然城市无法剥离于人的个体经验，那么城市就不仅仅局限于包括边界、范围、大小、形态、结构等客观对象在内的空间属性。相反，城市逐渐成为基于人的个体经验的，融合了政治、经济、文化等多重因素的社会分析对象。

在此意义上，定性研究的城市哲学应运而生。城市哲学反对无问题的哲学研究，力求以马克思主义哲学为理论基底，以当代马克思主义哲学的中国化发展为问题导向，解释现实问题。总体上，城市哲学继承了马克思主义哲学的实践规定性。任平教授认为，城市哲学根源于马克思主义理论传统，并且与马克思主义一脉相承。同济大学李春敏教授认为，马克思、恩格斯的思想关涉城市空间的资本化及社会空间权利的分配，也深入到空间剥夺以及空间正义的建构问题③。譬如，恩格斯讨

---

① 卡尔·休斯克. 欧洲思想中的城市观念：从伏尔泰到斯宾格勒[M]//孙逊. 都市文化研究：第一辑. 上海：上海三联书店，2005.
② 胡大平. 城市与人[M]. 南京：南京大学出版社，2015：9.
③ 李春敏. 马克思恩格斯对城市居住空间的研究及启示[J]. 天津社会科学，2011(1)：4-9.

论的城市居住空间问题成为当代城市研究的重要问题。城市哲学研究面向现实，探讨的问题本身具有强烈的代入感。城市哲学以解决现实问题及如何构建好的城市生活为导向，在城市化浪潮中，具有非凡的生命力。

城市哲学植根于马克思对资本主义的批判过程。马克斯·韦伯认为，城市代表着货币经济与市民精神。在此意义上，殖民主义即是世界的城市化过程，其中工业资本推动着城市化。所以本书描述的对象是资本主义经济发展中的现代城市，而非古代世界的城邦。马克思尝试采取一种更为激进的解决策略，他将城市内部空间形态的对立看作是经济、政治结构的征兆。这意味着仅从形式上改善问题仅仅是小修小补，只有通过彻底的城市革命才能克服城市诸问题。因而，马克思的思想具有超越时代的张力，尽管他使用的材料和信息都是19世纪的，但他关于城市的考量并不局限于要解决过去时代的资本主义困境，对今天的城市建设同样具有借鉴意义。

二、研究意义

（一）理论层面

第一，提供城市研究的哲学维度研究路径。以往关于城市的研究，多从城市地理学、城市建筑学、城市规划学、城市经济学、城市社会学、城市文化学等多维度予以探索。本书试图从人与空间的交互关系这一哲学维度探究城市哲学的基本问题，力图拓宽城市研究的研究角度。关于城市的哲学研究，究其根本是关于生活其中的人的研究。立足于人这一主体，分析人在城市中的诸种生存体验并在此基础上寻求解决问题的路径，体现了哲学关怀现实的理论温度。

第二，促进传统马克思主义观念的空间变革。通过梳理马克思和恩格斯的理论资源，构建马克思主义的城市观，呼应马克思主义哲学"空间转向"问题。譬如马克思在1842年11月《区乡制度改革和<科隆日报>》中开始关注区乡中人的权力问题，其中"区"指城市，"乡"是指乡村。在这期间，马克思发表政论文章，从城市权力的角度声讨普鲁士的专制制度。他甚至在《莱茵报》中明确提出城市和乡村权利平等的口号。后来的《1844年经济学哲学手稿》《德意志意识形态》《共产党宣言》《资本论》等文本中都对城市问题有所概论。恩格斯不仅在《家庭、私有制和国家的起源》中从唯物史观的角度描述了城市与城乡关系的产生及演变过程，论述了分工的发展与城乡状况之间的关系。在《英国工人阶级状况》《英国状况十八世纪》中，恩格斯对城市无产阶级的生存状况给予了深切的同情。这对于马克思主义研究者来说，是值得挖掘的学术财富。

第三，城市作为空间研究的具体化表现，对传统马克思主义哲学观念具有变革意义。在旧唯物主义者看来，空间是原始而自然的"物性"空间，是抽象的与人的实践活动格格不入的僵死空间。城市作为空间形态的代表同样是实践活动的重要场域和行动对象。这种从物到人的转变，一则凸显了实践在马克思主义哲学中的呈现维度，二则克服了旧唯物主义空间观的缺陷，彰显马克思历史唯物主义的理论内核，从根本上凸显马克思空间思想的伟大变革意义。因而，城市哲学是马克思主义哲学中国化的应有之义。

（二）实践层面

马克思主义哲学要求研究者关注现实，解决现实问题。以马克思主义为指导的城市哲学研究正是立足于当今的现实问题拓展而出现的新理论，是历史唯物主义应对"空间转向"的具体路径。城市哲学本身只有敢于面对现实问题，才能焕发活力。

第一，城市哲学研究是城市化建设中的时代课题，应不断汲取西方城市理论的精华。西方资本主义的城市学家迈克·戴维斯曾预言，到2020年城市人口中将有45%—50%属于贫困人口，2030年居住在城市贫民窟的居民将达到20亿。最终呈现出乡村城市化和城市乡村化的双向变迁所形成的独特聚居形态——城市贫民窟。德国建筑学家和城市理论家托马斯·西韦特用"夹缝城市"（In-Between City），伊恩·耶博阿用"城乡融合区"（City Village）来描述这一情况。实际上，解决城市问题的核心在于人。当中国在享受人口红利的时候，实际上享受的是人带给城市的活力和动力。随着农村人口不断涌入城市，中国的"刘易斯拐点"即将到来。中国的城市化发展迅速，中国的城市化水平从1960年的16%到现在超过50%。中国的收入水平增长了近8倍，中国越来越成为一个城市问题型国家。与发达资本主义国家的理论基点不同，中国的城市化建设则应着力避免"拉美陷阱"[①]等城市化建设中的弯路，始终将城市中的人作为研究的出发点和立足点。

第二，城市建设的"中国经验"是马克思主义哲学中国化的具体成果。城市哲学研究之所以强调研究"中国经验"的重要性，就在于新时代中国城市建设要走一条不同于西方国家的路。中国在短短的三四十年，城市建设走过了西方发达国家几百年的发展路径。然而，西方国家用几百年才能逐渐解决的城市问题，中国只能采取边发展边消化的方式。在这个过程中涌现了诸种城市问题，比如：城市人口的未富先老、城市环境污染、城乡差别问题、流动人口等棘手问题。其中有些问题已经开始威胁城市的可持续发展，带来了社会的不稳定因素。因此，一种

---

① 拉美陷阱又称"中等收入陷阱"，指20世纪70年代发生在拉美国家的一种经济现象。虽然人均GDP超过3000美元，城市化率达82%，但贫困人口却占国家人口总数的34%。一方面，经济飞速增长，社会富裕；另一方面，社会发展趋缓，贫困人口增加，无法享受现代化的发展成果。

以马克思主义理论为指导的城市建设与发展方案亟待出现。最终，在科学理论的指导下，形成人与空间相互动、城市与乡村相协调、个体与共同体相和谐的研究路径。

第二节 文献综述

一、国外研究状况

（一）生产与消费维度的资本主义意识形态批判

城市作为一种意识形态的提法流行于 20 世纪 50 年代。早在 20 世纪 40 年代中期，法兰克福学派以美国为蓝本对消费社会进行了猛烈的批判。其中，霍克海默和阿多诺以文化产业为对象，强调在现代经济逻辑支配下，技术合理性将演化为支配合理性，文化逐渐丧失了教化与反思功能，转而变成了对现实的合理性辩护。资本主义城市现代性批判中的一个重要表现是生产与消费维度批判。城市作为资本的空间化表现，是当代资本主义发展的重要场域。因而，城市本身的生产过程整体上遵循了资本的运作形式，资本逻辑体现在城市规划、建设、发展和衰退的诸多方面。

城市生产方面，大卫·哈维依照马克思的批判理路，研究资本的城市化进程。哈维通过具象化空间生产和配置的过程，完成了历史唯物主义中的历史维度向地理维度的转换过程。与此同时，他将城市发展过程看作阶级斗争和资本积累的历史地理学中的积极进程，城市被纳入对资本主义的批判当中。

城市消费方面，曼纽尔·卡斯特尔在《城市问题》中，指出了现代城市已不再是传统意义上的生产和交换中心,而是再生产和集体性消费过程的中心。集体性消费促使城市在国家的分离中逐渐政治化。国家通过对城市的供给过程向城市施加政治影响,一旦二者的关联断裂,便会引起以市民政治运动为代表的社会不稳定运动。最终,超级城市取代个别国家政府,成为影响全球事物发展方向的核心力量。国家在城市中扮演的提供社会福利的重要角色拯救了资本主义,使资本主义在城市中不断地发展下去,而非走向消亡。某种程度上,国家通过保障城市中人的基本权益中和了资本主义城市发展的消极方面。

(二) 以城乡对立为代表的全球性与地方性的断裂

城市哲学的研究对象不仅仅局限于城市,乡村同样是城市哲学应涉及的研究对象。城市哲学集中于城市与乡村之间的一般对立关系研究,譬如,"人们常常用城市来代表资本主义、官僚主义或中央集权"[1]。乡村被视为落后的、分散的乃至前现代的产物,城市与乡村始终被置于对立的紧张状态。

19世纪,马克思在《资本论》中表示:"一切发达的、以商品交换为媒介的分工的基础,都是城乡的分离。"[2] 城乡对立在马克思对资本主义的批判中扮演了重要角色。在马克思的视野中,城市意味着人口、工具、需求等的集中,乡村则是城市相反的孤立和分散。对此,雷蒙·威廉斯作为20世纪英国最重要的马克思主义文化批评家之一,他认为乡村和城市仅仅是人类两种最基本的居住方式,二者的对立反映了现代大都市和工业化生活方式的危机。所谓"乡村"与"城市"之间的对立也不过是表面现象,他们之间并非对立。比如乡村对人和自然的剥削

---

[1] 雷蒙·威廉斯. 乡村与城市 [M] //约翰·伦尼·肖特. 城市秩序——城市、文化与权力导论. 上海:上海人民出版社,2002:460.

[2] 马克思恩格斯文集:第6卷 [M]. 北京:人民出版社 2009:363.

在城市里则转换为利润。与此同时，城市的一些剥削形式带来的收益，又反过来渗透到农村，加剧了农业剥削的力度。尽管城乡对立体现在景观、经济、生活方式、土地等具体事物上。然而本质上造成这种对立的是资本主义的金钱秩序所导致的理性与感性的对立，这一对立难以消弭。

城乡的对立逻辑进一步表现为全球关联中全球与地方的对立关系。从城市权力的角度来分析，城市意象常常作为帝国的代表而显现出来，而乡村则具有被城市征服的意味。近代以来，城市文明对乡村文明的入侵，开启了被动的现代化（城市化）过程。当城市向周边地区的扩张过程与全球化体系中帝国对地方性的扩张逻辑同属资本的同一性逻辑时，全球与地方的断裂关系便产生了。

（三）作为现代性表现的城市建筑等客体对象

芝加哥城市学派开启了分析城市组成要素、形态、生态系统的研究路径。芝加哥学派指出以地理特征界定城市的社会科学研究方法并不完备，相反，以城市区域的某些社会学特征来界定城市更为合理，这引发了人们对城市社会中种族、社会、文化等要素的研究兴趣。其中，以拱廊研究计划为代表，本雅明认为现代大城市具有使人安心和获得认同的能力。但是狭隘的利益观念四处破坏城市和谐，使城市沦为斗争的场所。即使人们身处繁华，也会感到烦躁不安和孤独寂寞。

在19世纪的巴黎，城市生活中充满着商品，拜物主义风行。本雅明以拱廊为切入点，分析了商品形态如何蔓延以及对人参与社会关系的侵袭状态。"拱廊"代表城市生活的转型，城市开始进入一个新的消费阶段；奢侈商品市场兴起。拱廊在当时被称为商品经济的庙宇，是一个拥有玻璃房顶和大理石地面的微型城市，在这里可出卖的商品变成了资本主义的宗教。

福柯从权力的维度研究城市空间和人的关系。他在《癫疯与文明》《规训与惩罚》等著作中提出，空间是任何权力运作的基础。城市就像一座"监狱之城"，国家的行政管理、经济控制、治安监视等活动都围绕着这种封闭的、被割裂的中间点建筑物和以它为中心的环形建筑进行，个体被镶嵌在固定的位置，每个人的任何行为都受到监视，每个人的活动情况都被记录在案。

迈克·戴维斯在"洛杉矶堡垒"中描述了圆形监狱似的购物大街、禁闭式的社区和纪念碑、具有建筑学意义的洛杉矶旅馆斜堤等城市客体元素。戴维斯把它们视为城市人压力的表现，从而呼唤社会正义的到来。这引出了城市权力中对公共空间的诸多探索任务。譬如唐·米切尔在《城市权：社会正义和为公共空间而战斗》一书中探索了走向公正的城市的可实施路径。按照萨义德在《东方学》中的殖民话语分析，很容易发现这些话语依旧适用于分析西方的资本主义城市问题。一些相互对立的概念，如：核心与边缘、内与外、自我与他者、第一世界与第三世界、北与南、中心与郊区在当今的西方城市中已经让位于混杂性、离散、种族混杂、文化嫁接和边界等隐喻。这是资本逻辑与建筑客体双重作用的结果。

（四）城市文化与人的精神维度

从文化角度进入城市研究是一个研究城市的重要理路。斯宾格勒曾将城市指认为所有伟大文明的承载者，其中城市这种原初的人类想象塑造了民族、国家、政治、宗教等科学[①]。托马斯·班德尔认为："对于一座城市，历史是一个特别重要的文化资本的形式。"城市以街道、建筑、广场等客体因素整合了都市和都市文化中的独特空间表现形式，继而影响了城市人的生活方式和精神状况。一位柏林的精神病医师将

---

① 斯宾格勒.西方的没落：第2卷[M].吴琼,译.上海：上海三联书店,2006：78.

"广场焦虑"特征描述为"行走能力的丧失",尤指中产阶级病人们面对新的户外空间和空旷无人的大道时无法移动自己的身体,完全瘫痪了的情况,是人在城市中可能出现的个体性体验之一。

有言曰:城市是人类的深渊,从情感角度来讨论城市中的人是研究者一直以来的关注要点。格奥尔格·齐美尔从人与陌生人的交往行为着手,探讨城市中的人的复杂情感。在《大都会与精神生活》中,齐美尔认为,面对威胁,都市人以理性的方式做出回应,而非情绪化的反应,从而通过意识的强化造就了一种精神上的优势。在他看来,城市中的人总是具有一种"漠不关心的态度",人与人的动态结构可能会让生活在乡村和小城镇的人觉得困扰。雅各布森则将现代城市看作一个后现代空间,从文化层面上看,城市从一种实质的地理疆域变成了富于想象力的地理渴望和记忆。城市在文化的催化下或者在后现代的刺激下,已经不再是一个既定的空间概念,而是一个困惑的空间动态。其中,自我与他者,这里与那里,历史与未来不断形成,变成一个交互性场域。

(五) 城市权利与空间政治维度

城市权利是马克思主义地理学或新马克思主义城市学派的核心概念之一。列斐伏尔曾论述过,哈维也写过多篇文章并收录在《叛逆的城市》一书中。大卫·哈维认为,城市的性质离不开人的渴望、社会关系、日常生活、技术、美学观念。城市权利因而是一个集体权利,而非个体权利。主张城市权利在某种意义上是主张一种形塑城镇化过程的权利,以一种基本和根本的方式,城市被塑造和重塑。列斐伏尔的城市权利思想要旨不是像哈维一样的建构理论,而在于打破、批判和开放。他认为,权利出现并成为习俗和法规。由于乡村被城市剥夺和殖民,自然的权利已经成为一种虚假的权利。如此来说,城市权利更像一个呐喊和需求,它不能被构想为一种访问权或回归传统城市的权利。此外,在写作《城市革命》与《空间生产》时期，列斐伏尔除了揭示城市的政治性，将城市与空间本身指认为一种政治性存在之外，还主张将城市本质视为一种经济关系。这与马克斯·韦伯强调的大都市的市场性有相似之处。由此可见，市场是权力典型的现代形式，权力的问题十分关键，然而在城市研究中又常常缺席。

以马克思主义为理论蓝本的城市政治经济学家们更为看重城市的社会属性，他们认为决定一座城市发展的并非自然过程，而是取决于占有财富和资源的统治集团。这在一定程度上克服了以自然进化为主的城市观，日渐成为城市社会学的掌权范式。城市由谁掌权的问题则涉及城市权力的归属问题。权力归属于城市规划者、警察、住房管理者、政策制定者、金融家还是抵押贷款人往往具有不同的意味。以马克思主义城市理论三剑客大卫·哈维、曼纽尔·卡斯特尔和亨利·列斐伏尔为代表的理论家将矛头指向了资本主义，他们试图将"邪恶、贪婪的资本主义体系"的理论转化为对城市空间竞争的阐释。

除此之外，关于城市的研究还有城市生态学方面，约翰·里德从生态学的视角描述城市如何生长、维持以及它们与周围远近之关系的性质。在城市的未来向度探索方面则涉及如"全球城市"理论、"花园城市"理论、"智慧城市"理论、"网络城市"理论、城市空间正义理论、城市群理论等，不一而述。

二、国内研究状况

（一）对城市的伦理向度探索

上海财经大学的陈忠教授侧重于从伦理向度研究城市，他认为，城市伦理的总体趋势是一种兼顾个性与整体的总体性伦理。城市、伦理、社会三个范畴高度统一，其中善存和善治是城市发展的重要目标。在他看来，城市是文明发展的方向，城市越发展，就越需要伦理自觉。应该将文明、城市以及城市中全面发展的人统一起来，最终达到城市与人的和谐相处与良性互动。依照伦理向度探索城市的思路生发出城市共同体建设、城市中的个体与共同体的联动关系等可能的研究思路。然而，关键在于城市制度和城市建设难免受到城市主体之间权利与权力的博弈和规则化安排。要回答诸如"建设什么样的城市""如何建设好的城市"等问题，仅仅诉诸伦理的善维度，即寻求一种"满足大部分人的善"的积极标准十分困难。在此基础上，陈忠教授进一步将城市的建设诉诸城市中的微观个体，强调"此在单元"的重要性，即建构一种"此在正义、此在伦理，对推进政治进步和政治伦理化具有基础意义"①。尽管单纯强调伦理的个体性似乎与伦理概念本身相背离，但这无疑为后人提供了一条立足于人的城市哲学研究路径。

（二）城市的政治哲学向度探索

亚里士多德和柏拉图曾经以城邦为对象思考正义问题，注重权力和内在秩序的顶层设计。在他们看来，城市更像是一个理想国家的骨骼结构，通过采取"正义"的方式来组织并以"正义"的方式施行城市市民规范治理，最终形成城市正义。

近代以来，列斐伏尔认为空间生产具有政治性，学者们基于此强调城市与政治的关系，探索研究城市的政治哲学向度。有学者提出建构"城市—政治生态"的可持续城市型社会，将城市变化理解为一个政治过程。城市的形成对原有的政治框架将产生重要影响，甚至决定政治走向。一旦正义与城市结合，城市的政治哲学探讨的落脚点就演化为"城市是否正义"等相关问题。比如陈忠教授就将"城市看作是正义生

---

① 陈忠. 城市化的政治效应：历史逻辑与伦理可能——基于城市哲学与城市批评史的角度 [J]. 学习与探索，2015（9）.

成和转换的场域",指出"正义是城市存在合理性的价值确认"[①],将正义维度提到城市研究中十分重要的高度。城市中的正义问题包含多种表示形式,涉及集体行动、公共权利、住宅空间、贫民窟、市中心与郊区的城市规划、居住区隔、空间剥夺、邻里关系等政治、经济、心理的微观层面。这也是本文要涉及的问题之一。

(三)城乡比较向度探索

依据马克思对商品流通过程的理解可以拓展出城乡比较维度。马克思将城乡纳入商品流通的范围内予以考察,以资本流通为例,简单货币流通决定于商品世界的形态变化过程,而商品世界的变化过程实际上依赖城乡关系。这意味着商品流通过程中的城乡分离过程拓展了人类交换的深度与广度。具体而言,随着城市向周边地区输出商品的过程,技术、文化等生产要素也随之扩散。城市与乡村,不同城市之间逐步建立了互通联系,新的技术不断地在不同的城市之间流通,进一步促进了生产与贸易领域的新的分工。

依照马克思所启发的城乡比较思路,后来的研究者们开始探讨城市在马克思主义哲学中的立足点。从胡大平教授的《城市在马克思历史叙事中的地位》,苗圃的《马克思恩格斯的城市观》,牛俊伟的《城市中的问题与问题中的城市》,王志刚的《历史唯物主义与空间政治思想——以索亚为例》,强乃社的《空间视野中的当代城市哲学》等文献中可以窥见一二。

当然,国内大部分的文献还停留在译介与阐释阶段,这是建构城市哲学的必经阶段,不过这恰恰表明了城市哲学焕发出的巨大学术潜力。然而,关于城市的原创研究成果并未抽离于政治哲学、马克思主义哲学

---

① 陈忠. 走向微观正义——一种城市哲学与城市批评史的视角[J]. 学术月刊,2012(12).

等论域。特别是关乎城市哲学本身的建构问题以及应对中国城市化浪潮的研究性文章相对较少。在中国城市化进程迅速发展的今天，城市哲学的研究仍然是缺位和不足的。

第三节 研究难点与创新点

一、研究难点

（一）城市哲学属跨学科的交互研究，学科整合难度大

关于城市的研究纷繁复杂，涉及城市学、社会学、政治学、地理学、哲学等诸多学科，为单一背景的研究者，提供了大量的跨学科文本阅读任务，增加了理论整合和创新的难度。

（二）城市研究的相关理论不系统，缺少共识概念

城市理论乃至城市相关概念的界定不系统、不清晰，城市对象本身存在诸多争议。现代城市研究几乎离不开大量的基于个体经历的城市经验，个体经验具有难以避免的主观性使得城市研究中难以获得共识概念。城市研究涵盖多个学科，某种程度上是一种复合式的学科。其理论内部主题繁杂，仅就城市对象本身来说，就涵盖城市建筑、城市设计、城市生态、城市景观、城市管理、城市形态和城市政策等方面。

（三）哲学理论面向现实问题过程中的诸多不适应性

城市哲学来源于现实问题，理论本身要求对现实问题予以解释与回答。城市哲学本身经历了从现实问题到理论建构的抽象过程，这要求研究者具有一定的哲学思辨和整合能力。与此同时，城市哲学的理论主旨又指向现实问题，理论势必落地现实才能焕发出活力，属于哲学理论的应用问题。因而，城市哲学涵盖了"现实—抽象—现实"的致思过程，这容易导致理论资料的不断缩减和指向现实不明等问题。此外，在面对一些宏大而复杂的城市现实问题时，研究者容易受限于自身浅薄的人生阅历与经验，难以对其进行全面而准确的把握。

二、创新点

（一）研究对象层面

本书将城市论题剥离于以往的历史研究、人文研究和社会研究，建构了城市哲学的研究路径。与此同时，本书关注并结合建筑学、地理学、城市规划学、城市社会学等学科材料，研究城市中的建筑、街道、广场等客观对象，启发了城市研究的微观路径。

（二）解释框架层面

本书汲取历史唯物主义养分，将空间视为一种叙事路径，由此建构了城市主体这一结合了科学与人文、客观规律与主体力量的叙述框架。通过对城市宏观维度、微观维度与现实维度的分析，勾勒了城市哲学的当代叙述路径。这不仅弥合了结构主义与人本主义阐释路径的割裂关系，也在主体的视域下弥合了主观与客观、人与自然、人与物的割裂关系，为构建城市美好生活提供了可行的进入路径。

（三）研究意义层面

本书对空间与历史唯物主义的关系做了创新性解释。面对"历史唯物主义的空间缺场"问题，本书将空间阐释为方法论，进一步将其理解为一种叙述范式，为历史唯物主义理论下的空间找到了合理性位置。

（四）研究结论层面

本书从逻辑层面推论出"城市共同体"的理论构想，指出"城市共同体"与历史唯物主义的继承关系，从而为城市哲学的合法化和当代化提供了必要的理论准备。城市本身是与私有制的形成过程裹挟在一起的，这就涉及特殊利益和共同利益的矛盾关系。城市中诸多难题的解释都可以落脚于此。马克思在其共产主义的设想中认为新的共同体是个人发展与其他人发展乃与社会发展相互关联与相互促进的。这实际上提示了构建"城市共同体"以解决城市社会中个体与共同体困境的可能性。

第一章

城市哲学研究中的两种诠释方案及其困境

人们对城市的关注早已有之，西方学者对城市的关注起源于古希腊时代，苏格拉底、柏拉图、亚里士多德都曾对城市做出引人深思的论述。中世纪的基督徒们则探讨上帝之城与尘世之城的关联；文艺复兴时期，康帕内拉的《太阳城》、夸美纽斯的《世界图绘》等作品则传递出了乌托邦式的城市理念，启蒙时代以来的伏尔泰、亚当·斯密、马克斯·韦伯等人也对城市做了诸多的精彩描述，以上学者关于城市的论述各有侧重，种类繁杂，但总体上离不开理论家所处的社会历史。可以说，不同的社会历史背景塑造了多种多样的城市。因此，城市哲学研究第一个需要确认的事实就是研究对象的背景以及由此带来的对研究对象的影响。

本书的研究对象是工业革命之后的现代城市。工业革命以来，城市发展迅速。大量的乡村转变为城市，城市面积扩大的同时人口不断增加。马克思、恩格斯描述的城市现象正是资本主义迅速发展的时代缩影。此后，一直到20世纪60年代兴起的"新马克思主义城市学派"，以亨利·列斐伏尔、曼纽尔·卡斯特尔、大卫·哈维等人为代表的学者仍然在资本主义生产方式下考察城市问题。他们借助空间生产、空间正义、集体消费、阶级斗争等概念考察城市。由此发现，城市研究大致分为两个路向：一个是以理论建构为主的结构主义研究路向，强调社会结构和客体因素在城市系统中的科学运动过程；另一个是以空间批判理论为代表的人本主义研究路向，侧重从现代性视域下人的体验出发理解城市，以人的主观目的为发展目标，矫正城市发展中的诸种忽视人的现象。目前，这两大路向组成了现今理解城市的流行方案。

第一节　结构主义的诠释方案

人文地理学中的结构主义思潮启发了城市哲学中的结构主义诠释方案。20世纪60年代以来，西方马克思主义与地理的关系分为两个阶段。第一个阶段，西方马克思主义从马克思主义理论中寻求解释方法并再一次运用到空间研究中，形成了马克思主义的地理学研究。第二个阶段，学者利用地理学的研究方法和理论对马克思主义理论的地理学（空间）渊源再构造，以弥补历史唯物主义所欠缺的空间因素。

社会学意义上的结构主义本质上是一种整体主义，它受有机论的影响，强调系统中不同要素的有机关系。在第一个阶段，结构主义地理学深受马克思主义的影响，在他们看来，马克思主义是通过使用结构分析方法来处理纷繁的社会经济现象的一门学问。大卫·哈维将马克思的政治经济学分析引入城市研究当中，具有一定的启发性。然而，在具体的应用过程中难免具有简化论的色彩，他对城市客体要素的认识是结构性的。譬如，他认为环境是由不同的要素（道路、河流、公共建筑、工厂等）所组成的复杂的商品，环境作为概念总和承担着资本的循环作用。据此，人与环境的多样关系被简化为理性活动的行为假定。

毫无疑问，"结构主义'解读'对马克思主义地理学具有超乎寻常的吸引力，原因在于它为透过事物的表面现象（空间结果），揭示存在于业已构建和正在建构的社会生产关系中的解释性根源，提供了极其严格而明显的认识论上的理性化"①。实际上，科学模式来源于空间模型框架的固有主张，这一框架正如建筑一样是结构式的，这恰好适应了城市这个空间论域。然而，吊诡的是，结构主义的方法论涉及理论建构这一突出特点导致了理论仅仅可以解释它所观察到的现象。因此，"其真实性是不可检验的，因为得不到它们存在的直接证据"②。

这一特点反过来使得上述第二个阶段的理路探索陷入了武断的认识论之中。具体而言，结构主义的研究方法更为关注科学性，而非研究对象本身。它将理论建构所假定的抽象法视为可信奉的圭臬，反过来作用于城市时造成了方法论对真实对象本身的抑制。这一抽象的方法无法意识到真理的条件性和人的主观性，它只不过是从自然科学方法中生发出来的，被实践适当修改的教条主义。

结构地理学家们将自身理论的窘境归因于"马克思主义"的流行。然而，他们所理解的马克思主义其实是被简化了的，具有霸权意味且被置换了的历史决定论思想。这样的理论既没有切中历史，也没有切中现实，仅仅在理论推演层面发挥作用。事实上，历史唯物主义从其诞生伊始，就一直饱受指责，其对历史规律和物质生产的过分强调，使人误以为"历史决定论是空间贬值的根源"③。进而，人们开始转入补充历史唯物主义空间因素的第二个阶段。至此，马克思主义与城市相关的主要命题及其可能带来的结构式理解应加以回顾。

---

① 爱德华·W. 苏贾. 后现代地理学——重申批判社会理论中的空间 [M]. 王文斌, 译. 北京：商务印书馆，2004：81.
② R. J. 约翰斯顿. 哲学与人文地理学 [M]. 蔡运龙, 江涛, 译. 北京：商务印书馆，2010：14.
③ 爱德华·W. 苏贾. 后现代地理学——重申批判社会理论中的空间 [M]. 王文斌, 译. 北京：商务印书馆，2004：31.

第一，城市起源于劳动分工。分工作为历史唯物主义的起始概念，起初只是依据性别差异的分工，"后来由于天赋（例如，体力）、需要、偶然性等才自发地或'自然地'形成分工"①。城市是经由分工而划定的范围。"当分工出现之后，任何人都有自己一定的特殊的活动范围，这个范围是强加于他的，他不能超出这个范围。"② 这不仅仅意味着单个人的劳作范围，从宏观意义上看，更彰显了将城市理解为分工活动的固定化产物和区域的可能性。分工不仅引起工商业同劳动的分离，继而引起城乡利益的对立，最后导致商业和工业劳动的分离。③ 分工催生了城市中人与人之间的等级结构，在乡村里，产生了王公、贵族、僧侣和农民，在城市里则区分了师傅、帮工、学徒和平民。最终，"公民和奴隶之间的阶级关系充分发展起来"④。这种对生产方式的屈从把一部分人变成了受局限的城市动物，把另一部分人变成了受局限的乡村动物。由此看来，无论是城市本身还是城市内部的人都有被视为分工产物的风险。历史唯物主义对分工的强调和城乡分离的研究影响了城市的结构化理解进程。

第二，介入城市研究的政治经济学分析方法。历史决定论中的生产关系和劳动分工等要素依托资本的地理扩张重构了资本主义，这一理论谓之以资本逻辑而广受后来学者关注。资本逻辑作为一个被提炼过的理论构型，发微于马克思对资本的批判。有学者表示："在《资本论》

---

① 马克思，恩格斯. 马克思恩格斯文集：第 1 卷 [M]. 北京：人民出版社，2009：533.
② 马克思，恩格斯. 马克思恩格斯文集：第 1 卷 [M]. 北京：人民出版社，2009：537.
③ 马克思，恩格斯. 马克思恩格斯文集：第 1 卷 [M]. 北京：人民出版社，2009：520.
④ 马克思，恩格斯. 马克思恩格斯文集：第 1 卷 [M]. 北京：人民出版社，2009：521.

中，马克思确立了资本逻辑的批判路径，并以资本逻辑统摄生产逻辑，将哲学推进到一个不同的层面。"① 现代经济学认为所有制实际上体现为对他人劳动力的支配，资本的统治展现为对劳动的统治。这意味着，资本逻辑替代了生产逻辑得到了人们的普遍关注。因而，城市研究的普遍模式开始展现为以资本批判为核心的政治经济学批判。介入城市的政治经济学方法使得对城市的分析自然地卷入了对资本的分析中，城市的运行逻辑被置换为资本的扩张逻辑，对城市的批判转换为对资本的批判。

城市是一个相对乡村的比较概念。在马克思看来，二者分别代表着两种不同的生产方式和生活方式，"城市已经表明了人口、生产工具、资本、享受和需求的集中这个事实，而在乡村则是完全相反的情况：隔绝和分散"②。自然社会中，人通过家庭、部落甚至土地结合在一起，人与自然的交换关系发挥作用。而在资本统治中，人与人通过交换活动发生关系，资本采取物的形式，即通过第三者，货币等价物来实现。换句话说，城市是劳动产物集中的产物，劳动产物的归属问题带来了所有权的分离。对于封建的或等级的所有制来说，"古代的起点是城市及其狭小的领域，中世纪的起点则是乡村"③。所有物的聚集产生了城市，并据此孕育人口，借助最初的自然形成的资本，将进入城市的农奴转化为城市当中的平民。在城市的发展后期，就变成了完全是依据这种资本和交换的产物，城市与城市之间的交往符合物与物的交换关系，而城市与乡村之间的交往还符合人与自然的交往关系。这意味着在私有制的前

---

① 仰海峰.《德意志意识形态》与马克思哲学中生产逻辑的确立［J］.江苏社会科学，2019（3）：20-29.
② 马克思，恩格斯.马克思恩格斯文集：第1卷［M］.北京：人民出版社，2009：556.
③ 马克思，恩格斯.马克思恩格斯文集：第1卷［M］.北京：人民出版社，2009：521.

提下，只要人们还在屈从于劳动，屈从于人工，城市与乡村之间的对立就无法克服。

第三，城市与交往的关系。除了生产和资本之外，交往概念也是马克思理解城市的核心概念。通过交往概念，能够勾勒城市打破地域局限性的过程。分工带来了生产和交往的分离，商人这一特殊阶级形成了。除此之外，商人的形成过程还受到贸易发展程度、沿途社会治安状况、交通工具等多种情况的影响。随着生产和交往的扩大，新的生产工具、生产资料、产品从一个城市运往另一个城市，城市与城市之间的联系就建立起来了。交往是城市得以接续发展的重要条件，在马克思看来，如果城市之间是单一的交往，就容易受到很多意外情况的影响，比如，蛮族入侵、通常的战争等就会导致城市的覆灭。相反，当交往打破地域局限并逐渐变成以大工业为基础的世界交往时，生产力才得以保障。城市作为已有劳动力成果的固化产物，一方面是生产力发展和交往扩大的必要基础；另一方面，资本不断突破地理桎梏，不断将周围地域占为己有，将自然城市转变为工业城市。

以上关于城市的历史唯物主义理解只是抓住了马克思著作中的"分工""生产""历史""交往"等个别概念，很容易被人们简化为"可以适用于各个历史时代的药方或公式"[①]。对于历史唯物主义的决定论理解影响了人们对于城市的结构化理解，即将实践经验予以抽象和提炼成一种可重复的规律，使城市变成了某种抽象的受动物，而没有发现城市本身的能动性。当人们实际运用这些方法解决城市现实问题的时候，困难便出现了。历史唯物主义与现实割裂开来，这种被改造过的历史唯物主义的诠释方案最终导致了被塑造的空间与被肢解的城市人，继

---

① 马克思，恩格斯．马克思恩格斯文集：第 1 卷［M］．北京：人民出版社，2009：526．

而使人在城市生活中陷入诸种困境。

第二节　人本主义的诠释方案

最初，人本主义思潮是作为对结构主义的批判而引入人文地理学的。与结构主义的实证方法相反，人本主义思潮强调个人创造世界的主动性，其方法论关注人所感觉到的个人世界及其变化的过程，强调"个别性与主观性，而不是重复性和真理"[1]。在城市哲学研究中，人本主义立足于人的现代性体验，以批判空间现代性的方式呈现在城市研究中。

启蒙运动以来，人的价值被确立为评判他物的尺度，人逐渐突破宗教的迷雾，从历史的幕后走向台前。然而，现代性以来，人陷入了一个巨大的现代旋涡当中，这一成为现代的过程本身包含着分裂与革命、抗争与矛盾、含混与痛楚等体验，一切坚固的确定的东西都烟消云散了。城市作为现代性的策源地，城市人的现代体验受到重视。人本主义的诠释方案关注的是作为一种有思想、有生命的人类，而不是机械地只能依据科学规律做出反应的非人类[2]。作为以人为目的的诠释方案在介入城市现实的时候与以资本为驱动力的城市化进程相异质。这进一步激发了西方思想家复归人的热情，形成了人本主义的城市诠释方案。该路径总体上立足于人本主义的理论基点，从城市人的现代性体验出发，对资本主义城市化进程进行反思与批判。

---

[1] R.J.约翰斯顿.哲学与人文地理学[J].蔡运龙，江涛，译.北京：商务印书馆，2010：13.

[2] R.J.约翰斯顿.哲学与人文地理学[J].蔡运龙，江涛，译.北京：商务印书馆，2010：87.

一、价值评判

正如科林伍德认为历史的每一部分都有自己的情节一样，人本主义的阐释路径执着于寻找人类价值以构建其现实性的活动场域，使得城市变成了充满人类历史的地理想象。城市中关乎人的记忆、情感、价值、目的等的陈述通过外在的实践活动得以解释。那么，与之相反的且不被主流价值所承认的种种资本的异化现象，则被持人本主义研究路径的城市学家们所捕捉并予以强烈的批判。其中，卢梭在分析人类社会不平等现象时便谴责了城市对于人的精神戕害。这使得人们有理由相信卢梭所描述的共同的社会生活主要集中于城市。

> "城里人的那种可笑的傲慢态度，使农民感到十分厌恶。城里人贪图安逸。成天追逐由此种生活方式产生的欲望，生活浪荡，而且，为了过这种浪荡的生活，他们什么可耻的事情都愿意做。他们为了个人的利益，竟甘愿做他人的奴隶，精神萎靡，终日惶惶不安，一切听从他人的摆布，毫无一点儿自由。"[1]

城市中聚集了大量的人口。尽管每个城市人都以维护自身利益为行事目的，但是人们不得不在城市共同生活中形成普遍的交往关系，即"必须配合着别人而行动"[2]，以对抗共同的风险。由此，个体与集体的利益诉求差异带来了城市中的冲突因素。这引发了左翼理论批判家们对城市问题的批判热情，他们试图探讨资本主义迄今为止忽略最多的人权——"城市权利"。大卫·哈维认为："城市权利基本上源于城市的

---

[1] 卢梭. 科西嘉制宪意见书 [J]. 李平沤，译. 北京：商务印书馆，2013：14.
[2] 黑格尔. 法哲学原理 [M]. 范扬，张企泰，译. 北京：商务印书馆，1961：207.

街头巷尾、城市的街区，城市权利是受压迫人民在绝望时刻寻求帮助和寄托的一种哭泣。"① 实际上，在哈维看来，不稳定的无产者（Precariat）即流民②取代了城市中的无产阶级（Proletariat）承担了城市革命的主体责任。尽管哈维将空间的不平衡发展引入历史唯物主义研究当中，但实际上仍然遵循着城市研究中以人为本的价值尺度。与纯粹而严谨的历史描述相比，富含对城市无产阶级的同情。因而，他在研究城市中人的方面并未给予马克思主义过高的评价，在他看来，"马克思主义的思维方式与资产阶级经济学形似，总体上都是令人沮丧的"③。

二、心理范畴与空间体验

人本主义的构思路径基于现代性的诸多理解当中，譬如，有学者将现代性理解为一种心理范畴，一种随时展现为无数坠入现代之人的瞬时性心理体验。而作为现代性集大成者的城市，其空间产物（建筑、街道、广场等）将人们带入一场更为直观的空间体验中。在本雅明那里，现代性变现为拱廊和居所，通过对拱廊这一商业对象的分析，本雅明开启了城市文明层面的批判性研究。19世纪，第二帝国时期奥斯曼的改建工程在巴黎人看来是拿破仑帝国主义的一个纪念碑，使得"这个城市的居民不再有家园感，而是开始意识到大都市的非人性质"④。

毫无疑问，本雅明对城市的批判性研究采取了人本主义阐释路径。借助拱廊这一抒发对象，本雅明将城市中人的尴尬境遇具象化地展现出来。尽管巴黎拱廊是19世纪最重要的建筑，也逃脱不了在极短的时间

---

① 戴维·哈维. 叛逆的城市 [M]. 叶齐茂, 译. 北京：商务印书馆, 2014：8.
② 无保障的且没有组织起来的，分布在广泛行业中的低工资劳动者，参见《叛逆的城市》，第7页脚注.
③ 戴维·哈维. 叛逆的城市 [M]. 叶齐茂, 译. 北京：商务印书馆, 2014：35.
④ 瓦尔特·本雅明. 巴黎, 19世纪的首都 [M]. 刘北成, 译. 上海：上海人民出版社, 2006：53.

里就遭遇抛弃的命运，拱廊成了任人凭吊的废墟。本雅明将拱廊的命运归结为"笼罩着商品生产社会的浮华与辉煌，以及这个社会的虚幻的安全感"①。除此之外，居室也成了一种与市场幻境相对应的幻境，人们迫不及待地将自己的印记留在其所居的空间之中。只有收藏家才是居室的真正居民，他们通过不断地美化物品来剥夺其商品性质。世界博览会是人们进入幻境的途径之一："在这些娱乐中——在娱乐业的框架下人们会沉溺其中——个人始终是乌合之众的一个因素。"②

本雅明深受荷尔德林诗歌的影响，诗歌、死亡、勇气、命运、精神原则等是其关注的主题，而这些精神气质都指向了人，以本雅明评述过荷尔德林的诗歌《诗人的勇气》为例，本雅明对人的颂扬可见一斑。

"他赐给穷人富人欢乐的一日，对我们，短暂的世间人，在匆匆的时间流逝。"

"精神权利不减，以那时生命的尊严。"

"我们，民众的喉舌。"③

齐美尔参照1990年的柏林，探究大都会对个体的影响过程以及个体如何适应外部压力并调节自身的问题。在城市的货币生活当中，人的精神生活表现为分辨力钝化的特点。在都市现象的刺激下，城市人逐渐麻木，丧失个性。这并不意味着人知觉不到对象，而是知觉不到对象的意义和不同的价值。都市导致和助长了个人的独立生存状况，面对这种

---

① 瓦尔特·本雅明. 巴黎，19世纪的首都 [M]. 刘北成，译. 上海：上海人民出版社，2006：34.
② 瓦尔特·本雅明. 巴黎，19世纪的首都 [M]. 刘北成，译. 上海：上海人民出版社，2006：43.
③ 瓦尔特·本雅明. 经验与贫乏 [M]. 王炳钧，杨劲，译. 天津：百花文艺出版社，2000：24.

人的自我退隐，都市中的人甚至不认识自己的邻居，人们因此而显得冷酷无情。由此可以看出，无论是本雅明还是齐美尔都从人的都市生存境况出发来理解城市，强调个体的人的价值，其独一无二性与不可替代性使人脱离了存在于每个个体中的"普遍人性"，成了新的城市主体。

然而，按照路易斯·沃斯的建议，"只要我们将城市生活局限于它的物理实体（Physical Entity），将其视为有确定边界的空间，我们就不太可能获得作为一种生活方式的完美概念"[1]。城市中巨大的人口规模和高密度集中在一起的人催生了一种特殊的生产和生活模式，一种不同于乡村人的都市人格。城市中产生的诸种问题如冷漠和不友善等不过是为了适应高密度和多元化空间而积累的被动生活经验。

归属于人本主义诠释方案的城市研究者们，即使以批判的角度理解城市，他们也多从人类主体的角度出发。比如，芝加哥学派的代表人物罗伯特·帕克就以批判视角来解释城市环境对于人的影响并据此表示："大城市中，人际联系较之其他任何环境中都更不重视情感，而重理性，人际关系趋向以利益和金钱为转移。"[2] 齐美尔也将城市生活的特点归结为"算计"二字。在城市中，人的精神生活是世故而保守的，都市人擅长用头脑代替心灵来做出最有利于自身利益的决策。人本主义的城市研究路径表现出对于人的绝对热情和对于资本的完全批判，这与结构主义中对城市起源、形成和发展等客观规律和宏观描述的研究相区别。与此同时，人本主义的阐述路径对于城市本身理解的主观视角与结构主义的客观叙事不同，它为城市中人类精神状况的文化分析和资本批判提供了一条微观研究路向。

---

[1] 路易斯·沃斯. 作为一种生活方式的都市生活 [M] //赵宝海, 魏霞, 译. 都市文化研究: 第三辑. 上海: 上海三联书店, 2007: 2-9.
[2] R.E. 帕克, 等. 城市社会学: 芝加哥学派城市研究文集 [M]. 宋俊岭, 译. 北京: 华夏出版社, 1987: 21.

第三节 两种方案割裂阐释的危机

今天，人们之所以在城市研究中强调结构主义的阐述方案，无非是从学科分类的角度将城市哲学分离出来。面对纷繁复杂的城市二级学科，已有的学科包括且不限于城市科学（Urbanology）、城市规划学（Town and Regional Planning）、城市研究（Urban Studies）、城市工程（Civil Engineering）、城市建筑学（Architecture）等。城市哲学若试图成为一门学科就应当具有科学性质，即具有研究对象可经验、研究过程可实证、研究结果可检验等特点。基于此，结构主义的城市诠释方案具有十足的优越性，它提倡实用的经验性分析，将城市实践经验不断地加以组合、交互与分类，进而予以判断和证实，以检验其有效性。城市建设中的科学性理论以其可掌握和可重复的特征而受到学者们的青睐。城市哲学变为从单纯的质出发来阐述复杂事物的运动与关系的一门科学，进而具有了成为学科的合法性。

在此影响下，建筑学家、规划师们对城市客体要素的过分强调开始颇具实证主义的姿态，他们对建筑刻度、规范、标准的强调使城市理论越发精巧与机械化。因此，在城市哲学的研究中单独采取结构主义的阐述路径是值得推敲的。不论城市哲学距离上述列举的任何一门精巧学科有多远，城市哲学本身的研究主体、研究对象、研究方法、研究价值等基本问题都暂且处于萌芽状态。如果采取结构式的方法，哲学本身将失去城市的生存土壤以及理论本身的批判性与反思性。

哲学研究以回应事物本质为基本要求，因此，城市哲学应解释清楚其本质问题。这里以城市本质为例可以看出单纯科学主义方案研究的弊端。以人口、经济、分工、所有制等界定的城市会陷入本质的混乱,马克思在《德意志意识形态》中通过对鱼本质的讨论明确了这一点,"鱼的'本质'是它的'存在'即水。河鱼的'本质'是河水。但是,一旦这条河归工业支配,一旦它被资料和其他废料污染,成为轮船行驶的航道,一旦河水被引入水渠,而水渠的水只要简单地排放出去就会使鱼失去生存环境。那么这条河的水就不再是鱼的'本质'了,对鱼来说它将不再是适合生存的环境了"①。随着环境的变化,城市本质会发生质和量的变化,这会导致城市研究中不可避免地产生矛盾现象。古罗马时期的城市与今天的纽约不可同日而语,难道它们分享同一种城市本质吗?当城市被理解为抽离于人的资本空间的,对其空间性的强调只能沦为资本逻辑的产物。如此,城市哲学本身也变成了彻底的抽象产物。然而,这不过是由研究方法的差异选择带来的理论困境而已,与城市真正的现实毫无关系。

依照马克思主义哲学的观点,城市是人实践活动的产物。随着人的实践能力的提升与实践范围的扩张,城市演变为人与空间的双向互动过程。因此,在理解城市的过程中,不仅要考量城市中的人,城市中的物,还应当考虑城市中人与物的作用过程。一以贯之的资本批判未能考量人和物二者之间的任何一个部分。相反,它从人与物的割裂关系中抽象出来了第三条道路——资本逻辑。若按此理解城市,无论是空间还是居于其中的人都面临着诸多矛盾和问题。一方面,在物质层面上,城市为了谋求经济发展而不得不将统治地位出让给资本,为资本进行空间生产与拓殖提供了便利;另一方面,在城市人的思想精神层面,资本也逐渐占据了上风,人与人之间除了物的资本关系之外已没有了其他关系。

---

① 马克思,恩格斯. 马克思恩格斯文集:第1卷[M]. 北京:人民出版社,2009:550.

因而，应当在城市研究方法的遴选上，警惕资本逻辑变种为结构式的科学规定并进而成为城市意识形态偶像。与此同时，更不能借用这个假的城市本质扬弃来规避城市问题，这不亚于理论层面的同语反复。以此来迎候城市，难免陷入以一种幻想的方式来反对现实困境的徒劳中。

单纯从人本主义的批判立场来理解城市是否合适？有学者将市民社会（Civil Society）翻译为"城市社会"①，以同时兼顾"市民社会"和"公民社会"的含义。事实上，马克思所予以批判的"市民社会"实指资本主义历史阶段的城市社会。在他那里，"市民社会"实际上是一个普世的分析性概念，在其宏观意义上，指代整个市场经济生活当中的私人领域，是任何一个历史时期内与政治国家相对应的私人领域。市民社会中的个体是以自身利益为目的的原子式个人，每个人都试图把他人看作实现自身目的的手段，这种利己式的原子个人是市民社会当中人的普遍状态。它进而在现代性视域下影响了城市社会中个体的存在状态。

面对这种境况，持人本主义立场的学者们将马克思的市民社会批判表述为一种人的怨恨心态的表达。比如，舍勒认为，市民社会当中的"社会结构必然会集聚强烈的怨恨"② 包括报复感、嫉妒、阴恶、谩骂等具体情绪。怨恨是人们批判社会的动力，人们通过自我和他人价值的比较过程，攀比和嫉妒情绪在城市的不同等级中萌发出来。舍勒将资本主义制度的难题转化为资本主义类型人的精神气质分析，其出发点在于对人类情绪和情感的关照和重视。人在经历现代化的过程当中，自身也成了现代化的产物，最终被过程的种种恶果所缠绕。这种对资本主义乃至现代性的抱怨式表达除了徒增主体的忧愁情绪之外，于真正的现实毫无益处。

---

① 马拥军."市民社会""公民社会"还是"城市社会"生活哲学视野中的"城市社会"[J].东岳论丛，2010（11）：5-14.
② 马克斯·舍勒.价值的颠覆[M].北京：生活·读书·新知三联书店，1997：64.

无论是以上的哪一种方案，都使得空间走入历史的过程中充满了不确定性因素。单一的科学主义的阐释路径和单一的人本主义的阐释路径无法予以城市以及城市哲学可行的合理解释路径，更无法承担起城市哲学研究的理论任务。寻找一种能够弥合二者困境且能够适应城市哲学研究的理论范式尤为重要，城市问题不是一个陈旧的理论问题，而是一个新鲜的现实问题。正因为如此，城市理论在解释现实问题的时候不能完全回溯到固有理论。城市问题的理论根基在于现实，而非理论教条。本书正是通过将城市问题重新地语境化和具体化，将人本主义和结构主义两种研究路向统一于现实维度，进而将空间化研究落实在城市现象的研究过程中，以此弥合唯物主义空间化转向的理论困境。

第四节　解决方案：空间叙事范式的可能性

空间问题是历史唯物主义面向当代的主要背景。对于历史唯物主义来说，空间不应限于"容器"意义，空间线索所具有的方法论意义更为重要。与以往均质的时间叙事方法不同，空间叙事方法将历史唯物主义展现为一幅可理解的世界图景。它在克服解释学困境的前提下，形成了独特的历史唯物主义空间范式。时间范式向空间范式转换的实际意义远大于其理论意义，作为现代性背景下历史唯物主义重构之路，范式的未来指向城市哲学。

一、历史唯物主义空间化阐释面临的双重困境

近年来，历史唯物主义的"空间转向"或称历史唯物主义的空间化问题研究，以克服经典马克思主义对资本主义理解的局限性为目标，

构成了历史唯物主义当代化研究新的理论生长点。它面临的最为棘手的问题是，空间是否真的被历史唯物主义所忽略？这个问题的解决关涉历史唯物主义"空间理论"的合法性。国内学术界在近 20 年的研究中得出了诸如："空间化研究是弘扬马克思主义哲学当代价值的根本途径"①"马克思主义是当代西方人文社会科学'空间转向'中的重要理论元素"② 等结论，这基本肯定了"空间"在马克思主义哲学中的地位。在此大前提之下，历史唯物主义视域下的空间研究蓬勃发展。一方面，空间与资本相勾连，历史唯物主义视野下的空间被阐释为资本作用的外在表现，进而研究资本逻辑具有的空间布展③及空间生产的拜物教属性④；另一方面，体现为空间研究的方法论自觉。譬如，"空间转向"的生存论阐释⑤使空间运动成为人的感性实践并进而将社会实践化约为社会存在论，开启了空间的存在论革命等。

然而，即便如此，空间都难逃在马恩文本中寻找只言片语以做解释的命运，马克思在何种程度上使用"空间"相关的语词表征着其在何种程度上重视空间。这带来了人文学科研究的第一重困境——解释的主观化陷阱。当寻找结果不甚理想的时候，空间的重要性就被大而化之为"从来都是与人的生存联系在一起的"⑥。而历史唯物主义与空间的必要联系也衍变为对历史唯物主义本性的探讨，即"历史唯物主义始终是在批判旧世界中发现新世界"⑦，"历史唯物主义是当代重建的重要理论

---

① 刘怀玉. 历史唯物主义为何与如何面对空间化问题 [J]. 天津社会科学, 2011 (1).
② 赵景来. 历史唯物主义与空间化问题研究述要 [J]. 马克思主义研究, 2012 (7).
③ 仰海峰. 全球化与资本的空间布展 [J]. 北京大学学报, 2005 (4): 24-27.
④ 孙江. 工业资本主义时代的空间拜物教批判 [J]. 学习与探索, 2010 (1): 21-23.
⑤ 邹诗鹏. 空间转向的生存论阐释 [J]. 哲学动态, 2012 (4): 17-25.
⑥ 赵景来. 历史唯物主义与空间化问题研究述要 [J]. 马克思主义研究, 2012 (7): 139-147.
⑦ 刘怀玉. 历史唯物主义为何与如何面对空间化问题？ [J]. 天津社会科学, 2011 (1): 17-21.

路径之一"①。毕竟不能解决"空间"问题的历史唯物主义还能在何种意义上无愧于"时代的精华"的称号。这就导致了一种情形：在马克思主义哲学研究的大前提下，空间永远是被阐释、被结合的部分。一些马克思主义者认为这无可厚非，因为在他们看来，"历史唯物主义，它自身带有阶级性"。然而将其推论"人文科学没有必要就追求绝对客观"②引入空间研究中，就显得马克思主义者的胸怀不甚宽广了。

第二重困境来源于学科外部对空间问题的审视。20世纪70年代发端的"空间转向"不仅在历史唯物主义理论方面引起了一番"空间缺场"的讨论热潮，在其他学科诸如文艺学中也制造了一个空间缺场。有学者认为："叙事学也应该有一个由时间维度上的研究向空间维度上的研究的转向"③，应当建立"空间叙事学"。在现在性背景下，"西方文学叙事很大程度上体现在对空间的建构上"④等。从后现代空间概念引发的并置性对时间的历时性的反抗意义来说，"空间缺场"似乎正在成为一个放之四海而皆准的本质性问题。要么，问题确实居于十分紧要的基础性地位；要么，问题实际上无关紧要，不具有特殊性。毫无疑问，无论归属于哪个问题都不可避免地削弱了空间本身的重要性。所以，在马克思主义哲学内部或者扩展到人文社会科学中，以"空间缺场""空间转向"来解释空间问题就陷入了一种"焦点意识"与"支援方式"双全的循环论证中。

为了克服以上困境，找到一条能够真正厘清历史唯物主义与空间关

---

① 赵景来. 历史唯物主义与空间化问题研究述要 [J]. 马克思主义研究，2012（7）：17-25.

② 宋德孝. 历史唯物主义对解释学"历史主义困境"的破解 [J]. 哲学动态，2018（3）：30-35.

③ 龙迪勇. 空间叙事学：叙事学研究的新领域 [J]. 天津师范大学学报（社会科学版），2008（6）：54-60.

④ 王华伟. 空间叙事的身体性思考 [J]. 中州学刊，2018（2）：159-165.

系内在关联的规范路径就显得十分必要。一方面，空间概念的稳定性不再需要片段式文本考察，它依赖自身的方法范式，成为历史唯物主义的总问题式，从根本上克服了解释的主观化困境；另一方面，历史唯物主义也不必与空间生硬捆绑，避免了对历史唯物主义空间化的歪化解释，达到了真正的理论自信。因此，破解之路在于寻找一种以空间为视角、规范的历史唯物主义的叙事学方法路径，即"历史唯物主义的空间范式"。与此同时，在实际的城市哲学研究中，将注重科学方法的结构主义路向与注重批判的人本主义路向统一于现实维度。

二、空间范式的转换及其具体形态

"某某哲学"等领域哲学研究的兴起作为"远离唯物主义的一个症候"[1]引起了历史唯物主义的恐慌，在反对"理论想象"和"学科建设"需要的同时，更为切题的恐怕不是急于寻找"某某哲学"在历史唯物主义中的位置，而是在何种程度上重新乃至创新地理解历史唯物主义。这不仅不是背离，而是历史唯物主义在当代焕发活力的表现。

"某某哲学"与历史唯物主义的关系可以被看作主词和谓词的区别。譬如，"政治哲学"被看作"政治的哲学""政治性哲学"乃至"与政治相关的哲学"。同理，空间哲学与城市哲学也是如此。当然也有学者将"人、主体性、实践、价值、文化、发展、生存"等归为历史唯物主义的总范式，这让人不得不怀疑"总范式"只是用一类包含另一类的狡计。在方法论反思的学术潮流中，为了警惕"范式"的泛化研究，有必要首先厘清"范式"的所属含义。

范式与方法类似，但又不同于方法。在柏拉图那里，理念是可感物的范式，在福柯那里，知识隐含着一种"考古学范式"存在的可能性，

---

[1] 邹诗鹏. 何以要回到历史唯物主义的研究范式？[J]. 哲学研究, 2010 (1): 30-35.

第一章 城市哲学研究中的两种诠释方案及其困境

而库恩则引入了"科学范式"的概念，试图将范式"确立为一个更加宽泛的问题式语境，它们既建构这一语境，又使之易于理解"①。这确实提示了范式本身具有的方法论作用，但确切地说，范式作为对方法反思的结果，"和普遍的观点相反，往往在实际的运用之后，而不在它之前"②。否则，范式便走进了本体论的迷雾中。这并非个例，甚至说，历史唯物主义和空间哲学都曾在这个方面迷茫过。历史唯物主义以主体的实践形式勾画了人类解放的时间序列表。但这也暗含着它将被空间学与地理学攻击的软肋，即历史唯物主义被指责为一种历史主义的决定论表达，进而陷入了维柯式的历史理论旋涡。这时，被空间主义者视为圭臬的福柯登场了，历史唯物主义过于重视时间而忽略空间的论断也随之产生并引起了巨大的共鸣。似乎，时间已经成了历史唯物主义的"范式"并被抬上了本体论的高台，而这个高台并没有"空间"的空间。令人意外的是，当空间作为一种并置的、多样的反对单一历史的象征物登上高台后，竟又被它用来克服时间的工具所扬弃，而人们的恐惧不过是从一种本体论转化为另一种本体论而已，但真正的问题并不在此。

若要破解这迷雾般的历史唯物主义本体论神话，可借助叙事学方法，从而使"某某哲学"的突出代表——空间哲学的当代形式体现为一种以空间视角切入历史唯物主义的叙事路径，实现由"建构"走向"叙事"的范式转换。这同时也应和了空间作为后现代哲学的代表对以时间为代表的现代哲学的批判与扬弃。具体而言，几个历史唯物主义的核心概念，譬如，"实践""时间""历史"带来的中心性地位的错觉其实是一种主客二元叙事方式的必然结果，而空间叙事则引入了一个他

---

① 托马斯·库恩. 科学革命的结构 [M]. 金吾伦，胡新和，译. 北京：北京大学出版社，2003：14.
② 吉奥乔·阿甘本. 万物的签名：论方法 [M]. 蔚光吉，译. 北京：中央编译出版社，2017：1.

35

者的叙述视角。它使历史唯物主义显现为一种可被解释的世界图景并能够依此阐释处在框架中的物的规律性的学科。换句话说，它转化为一种面向当下且可被应用的历史规律的范式化表达。而研究这种共同范式的益处正如库恩所表述的："用它们去实践，相应的共同体成员就能学会他们的专业。"[①] 在全球化与地方性并置的今天，这是历史唯物主义面对多元的共同体社会的应有之义。

事实上，空间作为一种叙事方法在人文学科中十分常见，尤以文学评论中的空间叙事方法最为显著。吊诡的是，在哲学学科中则鲜有人关注。因为一谈到"阐释"二字就预先进入了"解释学"的语境中。"解释学循环"是个可怕的东西，它使学者无法超脱主体对自身有限经验的依赖性，面对未知事物，解谜者之谜就在于此。这种情况下，依照历史和实践的历史唯物主义便沦为一种彻头彻尾的经验科学和裹着面纱的实用主义。除此之外，对于空间的重视总带着一种本体论翻转的意味。特别是当与人文学科相关的空间本身还是一个含混不清的概念的时候，对于空间的阐释，总是不自觉地将人带入歧途。如果失去了历史，历史唯物主义将在何种程度上被称为"历史唯物主义"？也许"空间唯物主义"更为恰当。以上是人们拒斥历史唯物主义空间叙事的可能原因。

除此之外，空间叙事隐含的去历史化逻辑再一次使它站到了时间化的历史唯物主义的对立面。资本逻辑的空间化表述不过是马克思批判资本主义的表述方式，而这无论如何也不应当视为马克思所主张的空间思想。正如康德以空间形式来理解知觉，将其首先视为感性直观形式，但并不能就据此声称空间是其主要思想一样。马克思并不是一个空间学家，但空间的确是马克思理解资本的方法之一，即将资本主义的发展约

[①] 托马斯·库恩. 科学革命的结构 [M]. 金吾伦，胡新和，译. 北京：北京大学出版社，2003：40.

<<< 第一章 城市哲学研究中的两种诠释方案及其困境

等于地理的不平衡发展，将资本的扩张性具象化为空间的扩张性。毋庸置疑，马克思是具有空间思考意识的，但其本人及其后继者到底在多大程度上拥护空间是值得存疑的。就马克思与黑格尔密切的学术关系来说，"在许多方面，黑格尔及黑格尔主义传播了一种强烈的空间主义本体论和现象学"①。对于正统马克思主义的捍卫者卢卡奇来说，在《历史与阶级意识》中，反空间主义得到了最为集中的整理，"空间意识被表述为具体化的典型，如同虚妄的意识受到国家和资本的操纵，以转移阶级斗争的注意力一样"②。甚至苏贾还表示："排斥对历史进行地理学的解释这一传统就根源于马克思。"③ 所以，马克思对做容器解的空间概念的轻视与批评就与他被马克思主义历史决定论的批评如出一辙。但这并不否认实现历史唯物主义理论阐释应当"接着走"的尝试，比如，将马克思的空间思考整理为一种历史唯物主义空间范式的方法论思考，进而实现历史唯物主义的当代转型，这也是在当今实用主义与功利主义浪潮下，那个被还原为简单经济基础的历史唯物主义应当予以澄清的。

空间以其可分割的具体形态，先天地带有一种结构主义气质。当它被引入历史唯物主义文本中并被视为一种叙事方法的时候，历史唯物主义也染上了结构的味道。在涉及文本阅读的时候，阿尔都塞曾试图用一个空间比喻来阐明结构的重要性，"看不见的东西不是简单地处在看得见的东西之外的东西，不是排斥物的外在黑暗，而恰恰是看得见的东西

---

① 爱德华·苏贾. 后现代地理学——重申批判社会理论中的空间 [M]. 王文斌, 译. 北京：商务印书馆，2004：132.
② 爱德华·苏贾. 后现代地理学——重申批判社会理论中的空间 [M]. 王文斌, 译. 北京：商务印书馆，2004：132.
③ 爱德华·苏贾. 后现代地理学——重申批判社会理论中的空间 [M]. 王文斌, 译. 北京：商务印书馆，2004：131.

本身固有的排斥物的内在黑暗，因为排斥物是由看得见的东西的结构决定的"①。历史唯物主义在被阅读（看见）的过程中成了既有经验的结构物，在这个层面上，空间所极力避免的正如它即将被指责的一样，都陷入了对历史唯物主义过度诠释的旋涡中。特别是当不少论者都试图确立"诠释"与"使用"②界限的时候，这一观点无异于火上浇油。然而，过度诠释正是范式克服了实用主义倾向后要克服的又一重困境。若将历史唯物主义本身看作研究对象式的能指物的话，那索绪尔对"能指任意性"的强调以及德里达对写作意义"不确定性"的研究则赋予了历史唯物主义广阔的阐释空间。然而，当作者意图、文本意图、现实意图等因素纠结在一起的时候，便会带来"过度诠释"的风险，而这种当代解码已经超出了其本身所能承受的限度。这时，历史唯物主义空间范式的优越性就体现出来了，它不过是一条空间线索，而并不影响理论本身。它强调理解性，将历史唯物主义展现为一种可重复的空间叙事和可理解的情境。以"实践"为例，历史唯物主义所内在具有的实践性，被空间叙事转化为一种能够理解实践的方式——城市图景。过度诠释的伪现实性在历史唯物主义以空间形式展现的现实图景中被克服了。

当然，为了寻找历史唯物主义面对现代化问题反思学科之范式，了解其意义和功能并进而确证这种范式转换的必要性，仍需要在历史唯物主义内部考察空间范式的具体形态，这有必要建立一个更加宽泛的语境并使之易于理解与实践。

首先，实践作为历史唯物主义的核心概念，其传统的理解方式是依赖时间范式的。马克思认为：个人怎样表现自己的生命（实践）依赖

---

① 路易·阿尔都塞，爱蒂尔·巴里巴尔. 读《资本论》[M]. 北京：中央编译出版社，2000：19.
② 安贝托·艾柯，斯特凡·柯里尼. 诠释与过度诠释[M]. 王宇根，译. 北京：生活·新书·新知三联书店，2005：17.

于"他们进行生产的物质条件"①,不同时代的人的实践活动与其所继承的以往的实践成果相关,人不能超越其所处的时代物质条件。分工所形成的所有制形式同样以一种时间序列的方式被表述出来,即人们所熟知的部落所有制、古典古代的公社所有制、封建的或等级的所有制等。这意味着实践变成了只能是一种依赖时间序列的历史活动,人只能按照他所继承的历史原料和历史工具来展现自身的生命力。这种时间序列的叙事方式,很容易使历史唯物主义被误解为一种历史的或经济的决定论。相反,用空间范式来理解实践概念,历史则被叙述为一幅城市发展史的画卷。具体来说,在部落所有制中,随着人口和需求的增长,"社会结构只限于家庭的扩大"②。到了古典古代公社所有制中,部落通过契约或征服联合为一个城市,并建筑"在这个基础上的整个社会结构"。此时,国家对立、城乡对立以及工业和海外贸易的对立产生了。在封建的或等级的所有制中,贵族通过联合破坏了农业与工业,城乡居民减少了,剩下的生产者沦为被统治者,无论是城市还是乡村,其等级结构都表现得十分鲜明③。这种实践概念的空间理解在今天尤为必要,这种范式转换使空间从其隐喻地位中显现,转化为实际的城市与乡村、全球化与地方性、个体与共同体社会等具体研究对象。总的来说,历史唯物主义当代化研究得益于空间范式,而这已被十分清晰地表述出来:"范式确立了一个更加宽泛的问题式语境,它们既建构这一语境,又使

---

① 马克思,恩格斯. 马克思恩格斯文集:第1卷[M]. 北京:人民出版社,2009:520.
② 马克思,恩格斯. 马克思恩格斯文集:第1卷[M]. 北京:人民出版社,2009:521.
③ 马克思,恩格斯. 马克思恩格斯文集:第1卷[M]. 北京:人民出版社,2009:523.

之易于理解。"①

其次,历史唯物主义以历史的实践活动重释人类历史的时候容易带有均质化的抽象叙事特征。具体来说,在某一个时代,不同的人被化约为"同一种"人,适用"同一种"生产方式,甚至使用"同一种"生产工具。若非如此,历史便无法阐释清楚那不计其数的人及其实践的具体规定性。所以,它只能以大部分人的抽象的均质化特征来概括所有的人。诸如此类的历史性描述包括:"在思辨终止的地方,在现实生活面前,正是描述人们实践活动开始的地方","不是意识决定生活,而是生活决定意识"②,似乎表明人们的"意识活动"只是虚幻的本质,但凡与精神相关的都一并被拒斥了,而与物质相关的都格外紧要。当然,我们都知道马克思并不是这个意思,只是这种主体—客体二分的论述方式极易让人误会马克思并不在乎"意识的人",而只看重"人的意识"。如果以空间范式来看,人的社会实践必然是一种空间实践,而"脱离外在空间感知的纯粹内在心理或精神活动是不存在的"③,它并不排斥异质性的人及其精神状况,因为从本质上说,它们无论如何都处于空间中,而历史唯物主义的空间范式所包括的对人与人、人与社会关系的正解便可赋予"意识的人"的现实基础了,而不仅仅是将其作为实践的对立面处理。某种程度上,甚至突破了时间性的因果叙事方式,以一种并置的方式为意识提供了现实的空间位置。这种转换为当今城市中人的精神状态的分析提供了方法论基础,而这种精神分析也不再是与历史唯

---

① 吉奥乔·阿甘本. 万物的签名:论方法[M]. 蔚光吉,译. 北京:中央编译出版社,2017:14.
② 马克思,恩格斯. 马克思恩格斯文集:第1卷[M]. 北京:人民出版社,2009:526.
③ 刘保庆. 空间叙事:空间与叙事的历史逻辑关系[J]. 云南社会科学,2017(3):173-178.

物主义毫无关系的了。

最后,以历史唯物主义理论中最为著名的"现实的个人"为例,我们来看看它是如何被空间范式理解的。在马克思看来,从事物质生产的个人是"在一定的物质的、不受他们任意支配的界限、前提和条件下活动着的"①。换句话说,"人们的存在是他们的现实生活过程"②。与天国虚幻的意识形态人相比,"现实的个人"确实在其历史性上变为了活生生的人。即使他们将现实颠倒过来,也是由其狭隘的物质活动方式和社会关系造成的。社会关系似乎蕴含了一种空间途径,毕竟列斐伏尔就曾表示过:"空间中弥漫着社会关系,它不仅被社会关系支持,也生产社会关系和别的社会关系所生产。"③ 然而,历史唯物主义的空间范式并不局限于此,它将人的存在理解为处在④,生活于其中(社会中)的每个人都倾向于将自身建构成一种生命图式。空间叙事的展开,"为身体建构存在的空间,并运用独特的叙事为空间唤回身体的本源"⑤。而人们依靠空间平面和作为空间主体的身体概念,就能理解世界,进而达到自由本质。所以,空间是一种新的理解世界的方式,而具象化的城市是人在宇宙中的空间固定点,人们以此在、此时、此刻便可确定人在世的存在方向,而不依赖于历史经验。更进一步,城市建设就是人们将内在于自身的这种空间能力空间化的集中体现,这种空间化的

---

① 马克思,恩格斯. 马克思恩格斯文集:第1卷[M]. 北京:人民出版社,2009:524.
② 马克思,恩格斯. 马克思恩格斯文集:第1卷[M]. 北京:人民出版社,2009:525.
③ 包亚明. 现代性与空间的生产[M]. 上海:上海教育出版社,2003:48.
④ 莫里斯·梅洛庞蒂. 知觉现象学[M]. 姜志辉,译. 北京:商务印书馆,2001:321.
⑤ 王华伟. 空间叙事的身体性思考[J]. 中州学刊,2018(2):159.

能力是实践的新的表现形式,是一种本真的依赖身体把握世界的方式①,同时昭示了人的空间实践的未来——城市。

三、范式及其未来:通向空间叙事的重构之路

在历史唯物主义与当代结合的过程中,找到一种基本的方法型或一条叙述线索十分必要。库恩将其称为"基本范式"(Basic Paradigms),福柯视其为"基本认识型"(Underlying Episteme),詹明信则提出了"文本性"(Textuality)的可能。而空间范式试图将历史唯物主义的元叙事转化为一种空间叙事方式,它符合现代性的特征,是一种面向主体的重构之路。

历史唯物主义的时间范式向空间范式的转换满足了现代性的特征。波德莱尔以预言家的口吻说道:"现代性就是短暂、瞬间即逝、偶然"②,漫长而永恒的时间序列在现代浪潮中变为零散的、偶然的片段。生活于其中的人则被卷入一个巨大的旋涡,"那儿有永恒的分裂与革新,抗争和矛盾,含混和痛楚"③。对应到叙事层面,后现代主义带来的是时间叙事的死亡,以时间为元叙事只能是一种普遍的人类历史幻觉。所以,伊格尔顿富有先见地提出:"科学和哲学必须抛弃自己宏大的形而上学的主张,更加谦恭地把自己看成是另一套叙事。"④ 当然,这种叙事并非依照乔姆斯基式的路径,即将历史唯物主义转换为语言学

---

① 莫里斯·梅洛庞蒂. 知觉现象学[M]. 姜志辉,译. 北京:商务印书馆,2001:319.
② 大卫·哈维. 后现代的状况——对文化变迁之缘起的探究[M]. 阎嘉,译. 北京:商务印书馆,2003:1.
③ 大卫·哈维. 后现代的状况——对文化变迁之缘起的探究[M]. 阎嘉,译. 北京:商务印书馆,2003:5.
④ 大卫·哈维. 后现代的状况——对文化变迁之缘起的探究[M]. 阎嘉,译. 北京:商务印书馆,2003:15.

<<< 第一章 城市哲学研究中的两种诠释方案及其困境

研究中的句法结构,尽管他认为:"语言才能作为思想和自我表达的工具"①,更具有实在性。然而,"语言"也不过变成了那些范式反对的被称之为"科学""理性"和"逻辑"的方法而已。特别是当对象转向历史唯物主义的时候,我们就不得不道出一个显见的忧虑:当时间成为一种不可置疑的描述方式的时候,历史唯物主义是否会变成一个披着理性与科学外衣的主体,一个大他者?不应排除这种可能性,因为有一种关乎时间的普遍观点是时间描述总是更喜同一性与相似性,这为其科学的线性描述提供了便利。而偶然性与差异性只能作为旁枝末节被忽略掉,这内在地使阐释过程置入了一种被必然性支配的逻辑危险境地当中,而它很可能隐藏在倡导进步史观的启蒙理性的外衣之下。甚至有一种观点更为直白地让时间的缺陷显露了出来:"时间不过是对永恒的一种畸形描述。"②启蒙主义通过文本打捞形成了诸如科学、理性等永恒的逻辑范式。这些古老的遗传无疑地都在今天变成了他物——工具理性。历史唯物主义应当极力避免重走这条老路,因为在充满现代性的当代社会,这种理解显然是不符合实际的。时间与空间相裹挟,成为被社会权力定义的产物,这两个范畴在今天都将被重新定义,这也更为迫切地昭示着历史唯物主义研究方式的更新。

历史唯物主义的空间范式能在多大程度上解决这个困境?事实上,它的提出形式本身就将面临风险,它所要避免的与它将要澄清的一样多。首先,空间并非要寻求成为一种独一无二方法的可能性,也并非将其自身视为一种本体论存在。其次,还要避免批评者将对解释学的误解嫁接到空间叙事层面上,一种流行的批评观点是"将历史唯物主义解

---

① 乔姆斯基.乔姆斯基语言哲学文选[M].徐烈炯,译.北京:商务印书馆,1992:26.
② 安贝托·艾柯,斯特凡·柯里尼.诠释与过度诠释[M].王宇根,译.北京:生活·新书·新知三联书店,2005:38.

释学化,也是近年来国内学术界出现的一种颇具代表性的错误学术倾向"①,认为其削弱了历史唯物主义的价值立场。然而,正如恩格斯所强调的:马克思的世界观从来不是教条,而是一种方法。200年前,马克思用劳动价值理论来廓清资本主义社会的迷雾,而今天,应该用什么方法来廓清现代化的迷雾?这才是问题的紧要之处。由此可见,空间范式将历史唯物主义引入现代的情境中,为其当代化提供了一条可行的路径,在"哲学改变世界"的层面上,其实际意义远大于理论意义。

正如时间具有界限,常说的"覆水难收,昨日不再"②表明时间的线性秩序难以恢复,一旦某件事被完成或被提出,在某种程度上就意味着终结。空间亦有界限,他们认为"不确立边界,就不可能存在城邦(Civitas)"③。依此可知,空间范式的转换本身暗含着城市在历史唯物主义视域中的角色,城市本身作为现代性的诞生地(如拱廊、风格、景观等现代体验的集中地)同时也是历史唯物主义当代化实践的发生地。在一定意义上,空间范式指向城市未来,而如何解决城市问题决定着历史唯物主义的当代意义。

城市是历史唯物主义空间范式具象化的物质基础,它以一种实物的形式使空间研究有物可依,进而摆脱了"范式"一词的抽象意义,在这个层面上,我们甚至可以推论:城市是历史唯物主义空间范式的政治经济学基础表达。与此同时,城市本身的物质性基础为历史唯物主义提供了新的理论的实验场,使历史唯物主义克服了"哲学无用"

---

① 宋德孝.历史唯物主义对解释学"历史主义困境"的破解[J].哲学动态,2018(3):30-35.
② 安贝托·艾柯,斯特凡·柯里尼.诠释与过度诠释[M].王宇根,译.北京:生活·新书·新知三联书店,2005:29.
③ 安贝托·艾柯,斯特凡·柯里尼.诠释与过度诠释[M].王宇根,译.北京:生活·新书·新知三联书店,2005:28.

<<< 第一章 城市哲学研究中的两种诠释方案及其困境

的困境,变成了真正地指向实践的理论。具体可以从以下三条路径予以讨论:

第一,历史唯物主义的解放问题由人的时间解放转换为空间解放,进一步表现为城市中更为适宜的生活空间。马克思在《资本论》中描述了人格化的资本家是如何压榨工人时间的,它"不仅超过了工作日的道德极限,而且突破了工作日的纯粹身体的极限"①。为了解决工人的悲惨处境,马克思认为,随着生产力的发展,人类社会及将进入一个根据兴趣选择工作的共产主义社会,这暗含着属人时间的大量剩余,本质上是一种世界历史意义上的时间维度的充分发展。而城市的联合与发展则侧重空间叙事,从空间维度体现了人的解放过程。毫无疑问,城市是人类交往行为的聚集产物,它产生并发展于人的交往活动。随着交往范围的扩大,地域性的共产主义逐渐被消灭,在当代全球化的视野下,城市与城市将走向联合。对于其中的人,其生存与发展空间将从一种隐喻性的理想变为可到达的现实,在一定程度上,人的解放在空间维度上提前实现了。

第二,在时间维度上,空间范式将马克思对乡村的隐性书写和小农将被终结的不可逆的论断转化到了空间维度上的城乡二元困境,降低了解决问题的难度,为农村问题的解决提供了可行路径——土地。从本质上看,历史唯物主义作为一种以解放全人类为最终目的的学说,不仅仅是工人阶级解放的学说,更不局限于城市中工人的解放,农民与农村也是解放的重要一环。如果以土地作为历史唯物主义空间范式的具象表现,那么农村与农民就被内在地纳入了历史唯物主义。通常,农民的归属感大部分来源于土地,失去土地,他们将在任何意义上都不配拥有农

---

① 马克思,恩格斯.马克思恩格斯全集:第44卷[M].北京:人民出版社,2001:306.

45

民的称号，而农村本质上也因其在空间使用上更侧重于土地耕种而被命名。尽管作为历史唯物主义突出文本的"《哥达纲领》和《爱尔福斯特纲领》都没有专门论述土地问题，而简单地把它和工业生产完全等同起来"①，但空间范式所隐含的一条基于土地的"三农"问题的治理路径能够解决小农终结的问题，这是历史唯物主义的时间维度所忽略的。

第三，社会基本矛盾的转换让人们意识到与落后生产力这个矛盾相比，"不平衡"与"不充分"发展的矛盾更为紧要。这蕴含着发展模式从时间到空间的转变。就城市内部发展来说，盲目的扩张性发展转变为有秩序、有规律的区域治理。就城市外部乃至国家发展来说，命运联合的必要性显现了出来。在这种由地方到全球视域转换的情形中，资本所带来的时空压缩与重组都重新体现为一幅地理图景，资本所带来的城市区隔、阶层分化、文明重组等困难都需要一种更为复杂、多质的叙事方式和解决手段。空间范式则提供了一条更具适应性的现代化道路。

上述三条具体路径可视为以空间范式为方法的历史唯物主义与当代关联的可能阐释。它们将旧的悬而未决的时间序列问题更新为空间问题，抽象的哲学问题开始落入了现实的城市哲学的问题域中。在全球化和现代性背景下，这种转变极为必要。但这并不意味着对历史和时间的忽略，有学者称"历史注定是空间时间化的定在"②，这就十分形象地解释了二者的紧密关系。所以，当目标指向历史唯物主义的时候，二者的紧密关系不妨这样表述：历史永远不会过时，而空间将被写入历史。

---

① 奥格尔格·冯·福尔马尔. 福尔马尔文选 [M]. 北京：人民出版社，1984：228.
② 邹诗鹏. 空间转向与虚无主义 [J]. 现代哲学，2012 (3)：1-7.

自此，一条通向空间叙事的历史唯物主义路径的道路已经展现出来。而空间作为一个十分突出的现代性问题，并不仅限于叙事维度。更进一步，历史唯物主义对其方法论方面的回应革新了如何理解城市的现实命题。依照空间叙事的初衷，寻求一种具体化的理论模型，进而理解城市的大命题仍有待后续章节的探索。

第二章

城市主体的产生与发展过程

第一节 资本逻辑与人的主体地位

资本逻辑批判是马克思主义哲学理解城市的重要路径,但并非唯一路径,其过度使用与流行导致了城市研究路径的单一化。以资本逻辑批判为主要研究路径的城市哲学抽象地表达了一种"物"的逻辑,而城市作为人类文明的产物内在地具有一种"人"的逻辑,二者的冲突导致了城市中以人的"空间感"丧失为特征的精神异化现象。城市研究之所以忽视人而抬高资本的根本原因在于研究主体的缺失。因此,有必要在拆解城市与资本密切关系的同时树立一个"城市人"形象。如何理解和诠释这个"城市人"范式的重建对于理解城市社会中人的生存状态具有前提性意义。

近年来,以资本逻辑视角对城市社会进行批判越发成为城市哲学研究中的一个重要路向。这一理论路向可见多项具体研究主题,例如,空间现代性研究、空间生产研究、空间与城市正义研究、城乡差异研究等。换言之,资本逻辑成为人们理解城市的一把钥匙。然而,它并非唯

——把钥匙。资本逻辑抽象地表达了一种物的逻辑,它所持有的客观主义立场,使城市中现实的人的遭遇被掩盖起来,与城市的属人本性相冲突。这一矛盾组成了资本逻辑视域下城市研究的悖论性命题,即人在何种程度上批判资本逻辑,也同样意味着人在何种程度上受资本逻辑浸染。因此,如何在城市研究中摆脱客体的资本逻辑,回归主体的人的视界显得十分重要。

一、资本与城市的耦合关系

马克思在城市研究中并未失语,他对空间的政治经济学表达影响了人们对城市的理解方式。譬如,马克思特别关注分工在城市中的作用,将城乡对立理解为"个人屈从于分工、屈从于他被迫从事的某种活动的最鲜明反映"[1],与此同时,马克思宣告了城乡对立的期限,即只有在私有制的范围内对立才能存续。这意味着马克思在资本主义历史情境下理解城市,其解决路径也须借助政治经济学批判的方式即通过扬弃资本主义历史阶段来实现。大卫·哈维延续了这一分析思路并对资本的积累与循环理论予以了空间化分析,在他看来,城市问题不过是资本问题的变种。由此,资本逻辑批判正式成了城市研究的主要基调和城市研究的一个不可避免的落脚点。近些年来,城市研究中出现了类似观点,如资本的历史局限性导致了城市发展的困局,资本逻辑是城市发展极化逻辑的经济学表达,城市问题的克服需要依赖资本逻辑,等等[2]。

这些论述无疑表明了资本与城市的耦合关系,这意味着"资本在

---

[1] 马克思,恩格斯. 马克思恩格斯文集:第1卷 [M]. 北京:人民出版社,2009:556.

[2] 相关研究参见如下文章:刘怀玉. 马克思主义如何研究城市问题:一种三元空间辩证法视角 [J]. 华中科技大学学报,2017(4):15-199;庄友刚. 现代性与城市发展:历史、问题与趋势 [J]. 山东社会科学,2018(11):5-11;陈良斌. 城市化不平衡发展的双重逻辑 [J]. 山东社会科学,2018(11):12-16.

空间的流动和扩张推动了城市化进程，而城市化的发展也进一步推动了空间的资本化"[1]，二者互相影响、互为关联。然而，资本逻辑作为反思城市与资本关系的一条批判路径，实际上也是资本的衍生物，人在运用资本逻辑的批判过程中也不可避免地对城市做了资本化理解，将城市视为资本的产物。这在某种程度上再一次确认了资本与城市的耦合关系。原本，资本逻辑作为城市批判的一条特殊路径能够唤起人们的反思精神，然而，这一路径的泛化使用和过度流行越发成为城市研究中的"唯一"正统范式，资本逻辑在一次一次的不断确认中，实际上已不能加深人们对城市的理解，这无疑削弱了资本逻辑批判能起到的警醒作用。

事实上，城市研究者们对资本的重视程度间接反映了经济基础的重要性，使人们意识到生产活动在城市建设中扮演的关键性角色。资本的拓殖性及其对生产关系的渗透使"生产的社会关系将自身投射到空间里，在其中打上烙印，与此同时它们本身又生产着空间"[2]。资本逻辑借着对生产的确认与批判过程，使自身也变得正当起来。毕竟"生产型城市"产生的"生产问题"自然应当通过"生产的反思"才能克服，而这个"生产的反思过程"则被纳入城市研究资本逻辑的批判过程中，使资本逻辑批判在城市研究中具有了类似生产在社会中的基础地位。

尽管，借助福柯、列斐伏尔等理论家的工作，一种"当代性空间思维模式形成了"[3]，但这并不意味着城市中的诸种现象都能纳入资本逻辑的分析框架中。换言之，资本逻辑不能成为解决所有城市难题的灵丹妙药。就如何描述现代都市人的精神状况来说，资本逻辑的适用性还有待求证。以黑格尔和马克思都曾使用过的"异化"概念为例，在不

---

[1] 傅歆. 空间批判理论与城市正义的构建 [J]. 浙江社会科学, 2018 (5): 81-85.
[2] LEFEBVRE H: The Production of Space [M]. London: Blackwell Ltd, 1991: 129.
[3] 杨大春. 当代性与空间思维转向 [J]. 浙江社会科学, 2018 (7): 107-113.

同的语境中就具有不同的含义,生产异化含义难以贯之于任何境况。无论是将异化视为一种精神外化运动抑或一种让渡人的内在本质的劳动过程,似乎都难以贴切地描述现代都市人的精神状况,这需要人们发掘其他的新鲜含义以适应新的城市论域。比如,"'异化'一词过去的用法是指精神不健全的人;法语中的 Aliene 以及西班牙语中的 Alien Ado,其古意都是指精神病患者,完全和绝对的异化了的人"[①]。在英语中,"Alienist"仍然指精神病医生(Mental Illness Doctor)以及精神病患者(Medico-Legal Psychiatrist)。无论马克思本人是否意识"异化"一词的多重含义,就"异化"一词的选择来看,弗洛姆等后继者对人精神异化层面的推进研究变得有据可循,这为人们提供了对同一现象的不同理解路径。

当然,人们还有必要担心:城市研究中资本逻辑批判路径的泛化现象是否会成为一种新的精神异化?我们将其视为一种基于对异化现象反思的能力的异化。它以反思为前提,使人们能够在日常生活中把握"异化"现象并做出自身判断。当这种潜在能力还未在现实中显现出来时,很容易产生一种类似温水煮青蛙的"滑坡效应",并带来批判与反思能力的异化,最终走向批判"合理化"现实。这种基于对反思本身的反思现象针对的即是资本逻辑批判路径的泛化现象,譬如,有些人将"批判"视为一种自我标新立异的方式,以此证明自身是具有反思精神的理性物,而这尤其体现为哲学理论运用资本逻辑的批判活动。带来的最终结果便是:无论批判对象是什么,"反对"的观点总是率先走上舞台,而且这种反对观点总是以与抽象逻辑共谋的形式出现,使异化的反思活动带有形而上的色彩,最终成为一种意识形态化的"资本逻辑"批判路径。

---

① 弗洛姆. 健全的社会 [M]. 贵阳:贵州人民出版社,1994:111.

事实上，当研究论域转换到城市中时，资本"逻辑"本身带来的影响甚至比"资本"要深刻得多。以资本这种"逻辑"为代表的批判范式表面上诉诸资本的终结，资本作为被反思的对象，资本一旦消失，反思便随即失去效用。但深层次上，当对资本的反思成为逻辑化的产物时，它却不会随着资本的消失而消失。换言之，当资本逻辑反思成为被反思对象的时候，该依靠何种方式跳出资本的怪圈呢？人们对资本逻辑的熟练应用反过来自证了资本与人的密切关系，人们在多大程度上反思资本，便表明资本在多大程度上影响人。所以，资本逻辑与对资本逻辑的反思同属于资本的产物，它们是一个过程的两方面。

对于城市中的人来说，未必愿意承认自己已经或正在被资本分析的境况。事实上，当人们开始将城市的各种病症都归因于资本在场的时候，难免将对城市的资本化理解转嫁到对城市中人的理解上面，这无疑带有很强的隐秘性，弗洛姆意义上，人的精神异化现象更加难以被发现。具体而言，资本逻辑对城市中人的精神分析是基于空间的。一方面，如果一个人无法达到某种空间指标，而我们又认为这个指标是人人都应达到的客观目标，那么这个人就有可能被视为有严重缺陷的。更进一步，如果这一指标没有被社会中的大多数成员所达到，则社会将被认为是有缺陷的。人们依空间指标来评判城市里的人，并将衡量标准转化为人在多大程度上贡献"空间GDP"以及能相应享受多少平方米的"生存空间"的事实；另一方面，资本的抽象化产物——资本逻辑提供了一种"正常"的认知模式，使缺陷的人和社会带着缺陷"正常"且"合理化"地生活成为可能，并且不被视为"患病的"。城市研究中对"资本逻辑"不断确认，即对社会中的少部分人产生了镇静剂的效果，使其通过这一批判活动保有一种哲学家式的对日常生活"反思"的能力，最终将被泛化的资本逻辑批判变为群体无意识的自我催眠，殊不知，这正是资本的狡计。

以往，人脱离自然进入城市的过程体现了人向上的改造自然的实践力量，人使世界变成了人的世界，使自己成了真正的人，在这个意义上，城市是人的实践产物。然而，对城市的资本分析路径却反过来确认了城市与资本的关系，忽视了城市与人的关系。事实上，资本的发展与人的发展往往呈现出负相关的关系，资本的力量越强大，人的力量就越弱小。人在多大程度上依赖机器，就在何种程度上证明了人自身能力的匮乏和倒退。城市中的人总是焦虑的、涣散的，谨小慎微且精神错乱的。所以，城市应当被视为人的实践产物，人应当着手发展人本身，关心人的能力，而不是资本的能力。如此，人才能最终成为城市的主人乃至自己的主人。

二、城市主体及其空间感重建

人与城市的悖论一方面表现为城市是文明发展的产物，是人出走世界的实践产物；另一方面，城市过度发展却带来人的精神的不安因素。面对这样的情况，仅仅在批判的前提下，将问题全盘归因于资本逻辑恐怕不够恰当。毕竟，现代化进程也不过短短几百年而已。不仅如此，就城市哲学研究本身来说，还十分不成熟，它"不仅没有形成获得普遍共识的一般城市方法、城市态度，甚至还没有找到为大家所基本认可的能够反映城市问题、城市本质的核心概念和概念群"[1]。仅仅以资本逻辑理解城市恐怕会消解城市的特殊性，资本终归是资本的逻辑，而不是城市的逻辑。鉴于此，我们不妨暂时放下资本逻辑的分析路径，转而从城市人建构的层面理解城市，这有助于厘清城市的悖论性命题，进而回

---

[1] 陈忠.《资本论》对城市哲学研究的方法论意义 [J]. 学习与探索，2013（9）：24-27.

归城市研究中的人学视界。

事实上,"城市人"概念已经出现在城市规划学当中,"城市人(Home-urbanist)"被认定为"一个理性选择聚居区追求空间机会的人",一个"可以解释城市空间现象的理论砌块"①,在城市规划的意义上起到了积极效果。然而,新兴的城市哲学中却鲜见关于城市主体的研究。相反,城市哲学研究更倾向于城市资本研究。面对城市与资本相耦合的情况,有必要确立城市哲学研究中的主体范畴——"城市人"的概念。城市哲学视域下的"城市人"应当指具有"空间感"且通过不断的"空间化"实践赋予其自身存在价值的现实的人。这种"城市人"的本质并非卡西尔式的"不依赖于外部的环境,而只依赖于人给予他自身的价值"②,也不是雅斯贝尔斯式的由"经济的、社会的和政治的状况中的生存所构成的现实性"③的人。而是二者的综合,既有着出于内在的、非中介的人的"空间感"尺度,又以其"空间化"实践联系社会现实,是城市研究中扬弃资本路径,回归人学视界的必要设定。

正如人们不会通过鱼儿能在岸上活多久来评判鱼儿的本质和能力一样,以资本这一物的标准衡量属人的城市也是有待商榷的。以资本逻辑批判的路径理解城市,究其根本只能是一种客观主义的立场,是一种以外在标准衡量和把握人的实践产物(城市)的过程。在此过程中,资本逻辑被宣称为一种偶像和一种解决社会问题的灵丹妙药。其危险性在于"它未能考虑这些规律生成方面的原则,所以就容易从模式滑向现

---

① 参加梁鹤年"城市人"相关文章。如:梁鹤年. 城市人 [J]. 城市规划,2012(7):87-96. 梁鹤年. 再谈"城市人"——以人为本的城镇化 [J]. 城市规划,2014(8):64-75.
② 恩斯特·卡西尔. 人论 [M]. 上海:上海译文出版社,2004:10.
③ 雅斯贝尔斯. 时代的精神状况 [M]. 上海:上海译文出版社,1997:21.

实"①，进而使抽象的"资本逻辑"概念现实化并开始具有行动的能力。这尤其体现在资本逻辑作用下的城市建设当中，其消极影响表现为：大容量、高密度、高附加值等资本性质的指标成了衡量建筑的唯一标准。结果自然是轻视人，否认人，使城市变成外在于人的客观物。大都市里的墙、门、隔断、猫眼将空间隔成一块一块精美的蜂房，建筑物不过是一个临时的床铺，一个随时可出让的外壳，一系列房产中介商的数字，本来属于人的空间被打上了资本烙印，变为具有强烈经济属性的且与人毫无干系的物。不仅如此，"资本主义基因和性质决定了西方社会在各个领域必然遵循资本主导的逻辑"②，这将"资本"异化问题的解决路径框定在"资本"本身的超越方式上，这很容易陷入化约论的陷阱当中，即复杂社会问题被简单化为单一的逻辑问题，这种超越路径明显违背了城市中的现实境况。基于此，有必要将问题回溯到作为城市主体的行动者的意识及其阐释上，只有这样，才有可能克服资本这一外在标准，从而将关于城市的理解完整地显现出来。因此，我们的目标就限定为寻找一种内在于人的且无须中介的理解城市的手段。

这一手段是否存在？依照马克思的想法，他将"实践"作为主体改造城市、改造自身的手段，这似乎是可能的，毕竟实践活动本身蕴含着人的主观能动性。然而，吊诡的是，城市作为人的实践产物，随着其不断发展，现今竟也具有了令人感到不安的因素，这体现为城市中人的精神困境。似乎城市经济越发展，这种困境就越突出。难道实践只是一个量的规定性吗？难道实践竟成了既好又坏的同义反复？单单从"实践"来定义城市中的人与"某某决定论"一样危险，会导致其本身的

---

① 布迪厄，华康德. 实践与反思：反思社会学导引 [M]. 北京：中央编译出版社，1998：8.
② 韩庆祥. 从资本逻辑走向人的逻辑 [N]. 光明日报，2017-09-18.

消解。一旦抽象和提炼到一定高度，这一逻辑便失去了适应性，这也正是布迪厄所担忧的①。除却"实践"这一方式，居伊·德波的景观王国似乎能够担当起分析城市的重任，毕竟德波宣告了一个不同于马克思的资本物化时代的结束和一个被视觉表象篡位了的颠倒景观世界的建立。按照德波的意见，城市中的"日常生活本身展现为景观（Spectacles）的庞大堆聚，直接存在的一切全都转化为一个表象"②。城市中的广告、霓虹灯、屏幕都使得图像"成为事物直接记录在其身躯上的意指"③，并且以电影的方式将日常生活呈现了出来。最终，在光与影中，"真正的生活缺席了"④。"景观"成了德波理解现代生活的手段，而这能否转嫁到理解城市中呢？恐怕不能，即便德波能将"景观"抽离出来，但仍然逃离不出人的"看"的范畴，这使得"景观"无法规避中介性，具有被客观化的风险。譬如，德波在表述"看的表象"（Categories Du Voir）时，使用了"Voir"而非"Regarder"。尽管二者都能体现"看"的含义，但前者更侧重于"看"的结果，而后者则侧重于"看"的动作。这种指称的细微差别似乎表明了"景观"是一种基于"看"的能力的范畴，是看到的表象，这意味着"景观"仍然是一种被"看"的范畴中介了的对象化产物。这一点同样体现在《景观社会》的不同英译本中，"看的表象"分别被不同的译者翻译为"Categories of Seeing"

---

① 布迪厄，华康德. 实践与反思：反思社会学导引［M］. 北京：中央编译出版社，1998：22.
② 居伊·德波. 景观社会［M］. 南京：南京大学出版社，2006：3.
③ 郎西哀. 视觉的图像［M］. 南京：南京大学出版社，2014：18.
④ 阿兰·巴迪欧：电影作为哲学实验［M］//福柯. 宽忍的灰色黎明——法国哲学家论电影. 郑州：河南大学出版社，2014：6.

和"Categories of Vision"①。由此可知,"景观"以其中介性,难以承担起理解城市的重担。

如果说"景观"仅仅是依据"看"的范畴来理解城市,那么,这是否觉知空间的能力比"看"的范畴更为根本?它甚至不需要中介物,作为一种内在于人的感知能力,即便是盲人也能直接感受外在空间,乃至感受自身。在康德那里,"空间是一个作为一切外部直观之基础的必然的先天表象"②,空间不是一个附属于现象的规定,而是一种先天直观。人们经过对象的刺激获得认识表象的接受能力,对象才能彻底地被给予,进而通过知性而被思维并产生概念。空间即具有这种先天的能力,这种能力于人自身表现为"空间感",其向外的实践行为被称为"空间化"过程。事实上,与德波将"看"表现(对象化)为"景观"的努力不同,"空间化"过程不再需要将"空间感"向外展现为一种"空间景观"后才能感知人的异化,这会不自主地导致"景观"批判仍然需要依靠对"看"的范畴进行批判的困境。因为只有看到那实实在在的"景观",人们才能意识到批判的可能性,批判者与被批判物经过的是同一条路径,显然,这种批判并不彻底,它不过是同一个硬币的正反两面而已。甚至,德波也不得不遗憾地表示:"以这一方式确立的每一概念除了这一基础外,没有任何转向其对立面的通道:现实显现于景观,景观就是现实。这种彼此的异化(Alienation)乃是现存社会的支

---

① 法语 voir 是动词,指"看见、瞧见",侧重"看"的结果。比如"percevoir l'image des objets par la vue",意为:通过视觉感知物体的形象。法语 regarder 是动词,指"看、瞧",强调"看"的动作。比如"porter sa vue sur quelque chose",意为:看一下。居伊·德波使用的是"categories du voir",更为强调看的结果。英译版当中出现了两种译法,第一种是"categories of seeing",出自:DEBORD G. The Society of Spectacle [M]. Dentroit:Black & Red,1977. 第二种是"categories of seeing",出自:DEBORD G. Comments on the Society of the Spectacle [M]. London:Verso,1990.
② 康德. 纯粹理性批判 [M]. 北京:人民出版社,2004:29.

撑与本质。"① 而"空间感"则不同，它作为一种先天直观形式的可能性已经被康德证明了，它甚至不需要对象化为虚拟物（景观）就能够被觉知。当然，这种"空间感"并非一种说不清道不明的形而上学悬搁物。"空间感"勾勒出人与城市的日常关联，而被改造过的建筑便是"空间感"的最好现实证明。借城市中物的存在方式，能够考察城市中的人如何被其创造物所束缚的情况。

我们不妨试一试，从"空间感"这一手段出发描述城市中人的精神状态。如果说"电影是一种大众艺术，因为它把时间转化为知觉，让时间变得可见"②，那么，在城市中，建筑物则让空间变得可见。然而，对于刚刚走进城市的人来说，城市就像一个人造迷宫，流落在建筑群中的人们常常感到头晕目眩，辨不清方向，夜晚令人目眩的霓虹灯使人失去感知空间的能力。当人沉迷在景观的幻梦之中并痴迷于一种"迷失感"的时候，人的理性和判断能力开始紊乱，我们将此称为人的"空间感紊乱"现象。此时，空间转变为一种瞬时性的身体体验，人们开始对确证自身存在的时间和空间的流逝毫不在意，而这意味着生命力的丧失。当这种"空间感紊乱"作用于城市建设时，便产生了实际的消极后果。具体来说：高不是高，越建越高的大厦，似乎永远没有界限；矮不是矮，越来越深的地下宫殿，似乎多深都不够深。因为人们无法觉察"高""矮""大""小"等空间概念，所以无法觉察城市发展的界限。人们在城市建设中不断地将这种紊乱空间化，却误以为是受资本影响所产生的"景观"，进而拿起了资本逻辑批判这一理论工具。不仅如此，"空间感紊乱"还表现为人无法区分合理与不合理，梦幻与现

---

① 居伊·德波. 景观社会 [M]. 南京：南京大学出版社，2006：4.
② 阿兰·巴迪欧. 电影作为哲学实验 [M] // 福柯. 宽忍的灰色黎明——法国哲学家论电影. 郑州：河南大学出版社，2014：13.

实的表层症候,以及人丧失内在的思考力和对不合理性的批判力等深层症候。这使得人们对城市的描述陷入要么是"不洁的空气""狭小的斗室""疲于奔命",要么是"逃离""情怀""诗意栖居""商品盛宴""心灵慰藉"等的美文学描述。然而,这不过是由群体"空间感紊乱"引起的布尔乔亚思乡情怀。

显然,与资本逻辑批判这一客观路径相比,"空间感"作为出于人自身的手段,能够更为贴切地描述和界定城市中人的存在境况。对于城市哲学研究来说,这种人的空间感紊乱现象实际来自城市主体的缺场,对资本逻辑的过度重视恰恰掩盖了这一"缺场",使人们误以为资本逻辑的反思就是人的反思,进而忽视了城市哲学中人的研究。因此,有必要重新树立城市研究中的主体形象。无论"城市人"概念是否能够终结资本逻辑,其背后蕴含的回归人学视界的意味,对理解城市具有积极意义。

三、"城以为人":城市研究中的人学旨归

与马克思所面对的蒸汽时代不同,今天城市中人的迷失困境被具象化了。这正如德勒兹所描述的:"人们在这种情境中不知道什么是想象的、什么是真实的、什么是身体的、什么是心理的。"[1] 资本批判只能解决城市中由资本带来的一部分问题,而不能解决其他问题。作为一种逻辑,其首要的和最高的原则是不矛盾性,而"在人那里,恰恰绝对找寻不到这种同质性"[2],借由逻辑指称的"生产的人""消费的人""被资本异化的人"等称谓都以其片面性,难以解开人这个复杂谜题,带有形而上学的抽象气质。"城市人"是否也会陷入这一困境?为了避

---

[1] 吉尔·德勒兹. 时间—影像[M]. 长沙:湖南美术出版社,2004:11.
[2] 恩斯特·卡西尔. 人论[M]. 上海:上海译文出版社,2004:16.

免误解和指责，不得不对此予以澄清："城市人"这一指称背后的意义远比指称本身重要得多。"城市人"概念意在昭示一种面向未来的关乎人的承诺，这不同于将"共产主义改造为一种'乌托邦'式的承诺"①，也不同于对马克思人学的生存论改造。城市本身显现出人的"坠入式"际遇，人自出生起，就承受并穿行于空间之中，城市作为这样一种空间起到了类似的功用。不仅如此，在可预测的未来，城市将长期存在，而对人的本性的推测并不能解决问题，②因为它总是在谈论除人之外的东西（比如，资本）。所以，树立"城市人"的目的在于寻求了解和改造当下人的存在境遇的手段。在这个层面上，城市哲学研究应当带有目的论气质，即时刻把握研究为什么的问题。基于此，"城市人"昭示了"城以为人"的研究目的。

"城以为人"蕴含了双重含义。一方面，"城以为人"将城市主体确立为人。城市作为人类文明的集中产物，要了解城市，就要了解生活于其中的人。而"要认识人，除却了解人的生活和行为之外，就没有什么其他途径了"③。如此，问题被内在地转换为：城市中的人如何认识和改变城市。尽管马克思主义哲学将实践居于理解人的首要位置，然而，实践的困境正如"生产的人"所指称的一样，暗自将人变为"实践的人"。一旦城市建设趋于完善与饱和，"实践的人"便开始显得格格不入了。受德勒兹的电影媒介理论启发，人的空间感能否作为超越视觉和听觉的第三种表达方式？空间正如康德所证明的早已嵌于人自身，是属于人自身的能力。如果"空间感"是可能的，城市主体就必然是

---

① 仰海峰. 形而上学的解构与面向未来的承诺：德里达解读马克思 [J]. 哲学研究, 2006（1）：7-14.
② 张文喜. 论政治哲学中的个人概念及其哲学基础 [J]. 福建论坛（人文社会科学版），2006（10）：111-116.
③ 恩斯特·卡西尔. 人论 [M]. 上海：上海译文出版社, 2004：16.

属人的且无须任何中介的。另外，城市中日常生活不断构成流动的场景，在这种流动中，时间是缺席的，人们迷失其中，但建筑却能持存，这间接证明了空间的恒久性和人感受空间的可能性。具体来说，人通过运动的方式感受空间，使其生命力在情境中延伸并富有实践意义，这个过程即是人改造城市，改造自身的过程。

另一方面，"城以为人"明确了城市发展的最终目的是人，这种说法似乎带有一种目的论的意味，只不过场域从历史变为城市而已。然而，"即使人们不接受历史目的论，也仍然会接受它的某些因素"[①]，"城以为人"即是以这样一种"看起来像"的方式对人的重新启蒙。毕竟，总体的人的价值确定是困难的，确信无疑的价值概念一不小心就陷入了形而上学的"价值悬设"。为了避免陷入普遍的社会总体逻辑困境，布迪厄以结构式的"场域"概念反映社会空间中的诸种权威力量，然而他仍然难逃对社会总体的片段化理解。这种"看起来像"的好处就在于它将理论出发点与理论终点内在地结合起来，以此消解了客观主义和主观主义对立的极端现象，进而有助于化解"城市"概念的空泛本质。

毫无疑问，"城以为人"的双重含义指明了"城市人"的历史唯物主义本质。它作为一种基于自身境况的行动者，在改造环境和接受环境改造的过程中不断确认自身人的本质，以免自身变成"经济人""生产人""理念人"等异化对象。"城市人"恰好是一种基于城市的"现实的人"，这符合历史唯物主义关于现实的人及其历史发展的科学定义。

尽管我们一再地声称"城市人"与"经济人"并非一回事，然而除却剥离其单一特征的人性假设之外，似乎并没有提供实际基础。事实

---

① 张文喜. 对历史目的论之历史唯物主义阐释路向的批判[J]. 浙江社会科学, 2010 (6): 59-65.

上，它的真正基础在于马克思主义的政治经济学批判，这是"城市人"与其他的"某某人"的真正差异，也是唯物史观与城市和人的有机结合。在现阶段的城市化建设大潮中，这种结合尤为重要。从根本上来说，任何脱离当前历史阶段的理论都只能流于表面，其所倡导的也不过是口号式的乌托邦精神，而对于真正的现实问题，它一无所知。正如吉登斯所表述的，财产、法权、阶级与权力作为历史唯物主义当中的关键问题同样存在于城市社会当中，它甚至以一种时空压缩的方式短时间集中地爆发出来，这让城市中的问题比以往的任何问题都棘手和复杂，而这仅仅依靠喊出"城以为人"的口号还不足以将其完整地揭示出来。但与"城以为资本"等口号相比，"城以为人"总归是为城市建设指明了方向，显而易见，这个方向是为了人的，而非为了资本的。

事实上，重新设立大写的人的逻辑并不讨喜。在解构的浪潮中，伴随着"作为知识、自由、语言、历史源头和基础的主体之死"[1]和资本的双重侵染，人本主义已然陷入了沉睡。400年前就已经被启蒙过的人，如今又退回"物"（资本）的时代，与此同时，马克思期待的人的自由本质解放与共产主义"乌托邦"理想一样，已经湮没在资本的浪潮当中，表现为在"日日"[2]中去生存的沉沦状态。正因为如此，重提城市中的人学视界才显得重要。当然，仅仅强调"城以为人"的目的是人，还不足以解释清楚其内涵。它还缺少一个更为具体的为了人的"什么"的宾语词，这类探讨不得不承担相应的风险，即具体化的总是被认为是片面的和不完善的，但这总比口号式的同语反复强得多。

具体而言，"城以为人"的宾语词具有这样两个维度：第一，城市研究应当回归人的本质并赋予其作为人的尊严。城市作为空间的直接代

---

[1] 米歇尔·福柯. 什么是启蒙[M]//汪民安，陈永国，马海良. 福柯的面孔. 北京：文化艺术出版社，2001：48.

[2] 海德格尔. 存在与时间[M]. 北京：生活·读书·新知三联书店，1987：436.

表，将资本的缺陷具象地展现了出来，比如，空间生产的占有与剥削、空间分配的不均与不义、都市人的精神癔症等现象。但这并不妨碍人改造和规划空间的活动，所以，有必要将空间与人的需要联系起来，时刻将人视为隐没在空间背后的主角，在空间规划和城市建设中时刻将人摆在首位，而不仅仅是将其视为资本的增生物；第二，城市研究应当以克服个体与共同体的困境为目标。城市作为一种普遍的空间交往集合体，本质上代表了一种空间式的共同体的生活方式，而共同体的生活离不开个体的人。然而，城市建设却总是以一种集体意志的方式将共同体的行动展现出来，而这种集体意志的共同行动能够在多大程度上满足个体需求仍然有待确证。这导致了城市学意义上的"个体与共同体困境"，即在空间中"人性与社会之间存在着根本的、不可改变的矛盾"①。尽管马克思试图从人的交往关系层面解决这一困境，但进入共同社会的过程仍然带给个体脐带断裂般的阵痛，那些无法承受的人便成了弗洛姆所说的"神志错乱的人"②，即完全无法同他人建立任何交往联系的人。因而，城市作为被交往关系缠绕的共同体，"城以为人"的对象不仅应当包含大写的人类，更应满足小写的仅仅作为个体的人。

当然，以上不过是两种马克思主义式的积极设定，马克思主义哲学的真理性就在于它从不声称自己是永恒真理以及某种唯一确定的"主义"。相反，它蕴含着能在时代的风云际会中穿透现实的力量。作为主体的人，无论是面对资本主义、现代主义，还是后现代主义的种种困境，总能获得解放自身的理论指南，这个依据现实变化而丰满自身的内容就是"城以为人"的具体宾语。

综上，通过对城市与"资本逻辑"耦合关系的分析，"城市人"的

---

① 弗洛姆. 健全的社会 [M]. 贵阳：贵州人民出版社，1994：67.
② 弗洛姆. 健全的社会 [M]. 贵阳：贵州人民出版社，1994：27.

形象凸显了出来。就方法论层面来讲，城市哲学研究主体的确立不仅彰显了研究中必不可少的人学视界，更进一步，为解决城市社会中的人的存在困境指明了道路，是当今城市化背景下，马克思主义哲学介入现实的具体案例，在"资本逻辑"的批判道路中丰富和发展了城市哲学。

第二节　城市主体的政治经济学批判路径

近年来，基于政治经济学批判的方法来探析城市问题成为一种新的研究视角。这一方法试图将马克思的政治经济学批判拓展为社会空间批判，进而将研究目光聚焦到城市社会的具体研究对象当中，以此探索历史唯物主义视域下城市研究的表现形式。具体而言，这一视角在空间乃至城市研究中侧重强调政治经济学基础，不外乎是以一种马克思主义式的分析方法转移西方城市研究中的文化批判的尝试，本质上是一种马克思主义式的理解城市的路径。然而，纷纷回到政治经济学方法的号召往往变得语焉不详，城市研究缺少具体的研究方法及与其对应的研究对象。这种声音的混乱，意味着研究者对马克思政治经济学批判方法的简单化理解。本书试图在政治经济学批判的视角下，厘清城市哲学的重要研究对象——城市主体的嬗变过程，由此探究城市研究中政治经济学方法的具体指称。关于这一问题的解释是城市哲学研究中依循马克思主义哲学方法的重要环节，是亟待阐明的现实课题。

一、方法论缘起：马克思对国民经济学抽象"人口"概念的批驳

目前来说，西方城市理论研究者借助阶级话语对城市进行政治经济学分析的论述尤为多见。其中，大卫·哈维指认了城市与阶级的密切关系，一方面，剩余生产、人口增长、城市化之间形成了一种隐性关联。资本主义社会作为一个追求剩余价值的表现形态，不断地为人口增长提供物质养料，资本不断吸收外来人口以完成地域扩张，最终推动了城市化进程。另一方面，"城市化和阶级的形成总是相伴相随"①，演变为资本主义社会的常态规律。哈维指出："城市与工厂一样，都是阶级运动的发源地。"② 在城市化过程中，低收入群体面对财产税和租金，只能不断地采取迁移的应对策略，这使得政治运动的范围和水平从工厂层面扩张到城市层面。其结果日渐展现为"以二元城市格局为基本特征的更为残酷的社会极化态势正在形成"的现象。此外，还有论者将资本通过信息媒介在城市空间规划中的原因归结为"对社会两极分化状况的维护"③。上述的"二元""极化""两极"等话语本身或明或暗地显示了"阶级"在城市空间中的出场。空间一旦触及人和社会的问题，便不自觉地陷入了结构式泥潭。当资本逻辑的空间布展作用于城市时，便不自觉地引入了阶级、阶层来区分人，其结果是对城市中的人的理解再次回到了单纯的、地理式的划分原点。

当然，"阶级"二字十分容易受到指摘，因为阶级"太过集中于生产资料所有制，太过与马克思创建社会主义秩序的抱负联系在一起"④。马克思之所以设置阶级及其冲突的原因，有人认为这不过是"理论创

---

① 大卫·哈维. 资本之谜：人人需要知道的资本主义真相［M］. 陈静，译. 北京：电子工业出版社，2011：162.
② 大卫·哈维. 资本之谜：人人需要知道的资本主义真相［M］. 陈静，译. 北京：电子工业出版社，2011：233.
③ 温权. 发达资本主义社会的网络信息体系与二元城市结构——曼纽尔·卡斯特的马克思主义城市社会学批判［J］. 自然辩证法通讯，2019（9）：100-109.
④ 大卫·哈维. 资本之谜：人人需要知道的资本主义真相［M］. 陈静，译. 北京：电子工业出版社，2011：162.

作是以对无产阶级有利为标准"① 而已。这一观点为马克思披上了历史目的论的外衣,将阶级冲突视为进入共产主义社会的上升渠道。显然,这一趋势在今天的城市研究中并不适用。阶级本身先天地带有对社会、对人进行结构式理解的特点,有些理解过分强调阶级的差异性、多样性乃至并置性,使得城市乃至城市中的人不自主地落入对立与割裂的氛围之中。因此,为了避免以上误解,在城市研究中回归政治经济学批判十分必要。

事实上,马克思对"人口"的批驳为人们提示了这一思路。政治经济学指一种研究社会生产、资本、流通、交换、分配和消费等活动的学科。政治经济学家看到的人仅仅是"人口"。人口是一种经济计算的抽象物,它作为一种模具将活生生的人重塑为抽象数字。这似乎很有道理,毕竟从"经济学上从作为全部社会生产行为的基础和主体的人口开始,似乎是正确的"②。然而,马克思认为:"抛开构成人口的阶级,人口就是一个抽象。"③ 这里的"阶级"实际上另有他义,相对于作为一个简单的稀薄规定和一种方便研究的抽象手段的人口来说,阶级显得更为具体,它所依据的如雇佣劳动、资本、分工、价格等前提性因素是人脱离了抽象。

在城市哲学中,研究对象不是抽象的"人口",而是现实的人。这也是其从城市规划学、城市环境学、城市地理学等学科相区别的本质规定。人口作为一种抽象范畴,不过是表现"这个一定社会的、这个主

---

① 张文喜.《1844 年经济学哲学手稿》中的贫困问题探讨[J]. 学习与探索,2016(12):22-27.
② 马克思,恩格斯. 马克思恩格斯全集:第 30 卷[M]. 北京:人民出版社,1995:41.
③ 马克思,恩格斯. 马克思恩格斯全集:第 30 卷[M]. 北京:人民出版社,1995:41.

体的存在形式、存在规定、常常只是个别的侧面"①，仅仅考察社会中的一个范畴、一种层面，容易忽视城市本身的复杂性和特殊性。在此意义上，人口不过是研究资本主义的一个空洞范畴，本身难以承担城市主体这一研究对象的重担。因而，马克思从"人口"这个混沌表象入手，关注"人口"背后的以城市日常生活中的分工、交换、消费等环节为基础的生产过程，从阶级分析的角度将无产阶级领会为城市主体的代表，对其进行政治经济学批判，最终扬弃了阶级本身。

　　城市一直是马克思实现政治经济学批判的重要场域。在城市中，马克思将阶级这一批判对象具体化为对"过剩人口"的批判。无产阶级作为贫困的"过剩人口"的代表，成了马克思政治经济学批判的重点关注对象。从历史发展来看，资本主义起源于人与土地的分离过程，"私有制的最直接后果是生产被分裂为两个对立的方面，自然的方面和人的方面：土地和人的活动"②，由此将个人隔离在粗陋的孤立状态中，作为发展了的对抗形式，私有制越发展，人与人的对抗关系就越明显。值得注意的是，人与土地剥离促进了城市化进程，"雇农和靠工资生活的织工大批流入城市，使城市以极其惊人的速度扩大起来"③，形成了只能以出卖活劳动为生的城市无产阶级。这部分人被马尔萨斯视为贫困的"过剩人口"，一旦城市人口比例失衡，"就应当用某种方式将其杀死，或者让他们饿死"④，以免导致贫困的扩大化现象。在马尔萨斯看

---

① 马克思，恩格斯. 马克思恩格斯全集：第30卷［M］. 北京：人民出版社，1995：47.
② 马克思，恩格斯. 马克思恩格斯全集：第3卷［M］. 北京：人民出版社，2002：458.
③ 马克思，恩格斯. 马克思恩格斯全集：第3卷［M］. 北京：人民出版社，2002：535.
④ 马克思，恩格斯. 马克思恩格斯全集：第3卷［M］. 北京：人民出版社，2002：535.

来，过剩人口与贫困是一回事，贫困的无产阶级只能作为一种"过剩人口"而被彻底地清理掉。不仅如此，"过剩人口"居于社会的下等地位且必然贫困，因为在他看来，一个良好社会"必须有下等人，使上等人恐怕会下落；必须有上等人，使下等人希望可以上升"①，以此来保证资本主义制度的永续运行，马克思将上述论调批判为马尔萨斯对"劳动阶级贫困的一种辩护"②。与此同时，资本仍然不断地进行过剩生产，根据人口原理，资本主义社会必然存在一个不生产的，"在经济上代表单纯的消费冲动，代表浪费"③的阶级，相反，这部分人却不属于被清除的"过剩人口"，只不过是资本家救治过剩生产激发社会矛盾的稻草。马克思对此讥讽道："马尔萨斯式的人，只存在于他的头脑里。"④甚至，恩格斯也表示："当地球上只有一个人的时候，就已经人口过剩了。"⑤

马克思在批驳国民经济学家"人口"概念的过程中，破解了"过剩人口"的秘密，发现了能承担解放任务的无产阶级。一方面，马克思的无产阶级是受凌辱、受伤害的人，是"赤贫、潜在的赤贫"⑥。一旦他们开始出卖自身的活劳动，就只能依据资本的规律，而不是人的规律，必要劳动和剩余劳动的比例由资本决定，然而提供这部分剩余劳动

---

① 马克思. 剩余价值学说史：第3卷[M]. 郭大力，译. 北京：人民出版社，1978：61.
② 马克思. 剩余价值学说史：第3卷[M]. 郭大力，译. 北京：人民出版社，1978：60.
③ 马克思. 剩余价值学说史：第3卷[M]. 郭大力，译. 北京：人民出版社，1978：48.
④ 马克思，恩格斯. 马克思恩格斯全集. 第30卷[M]. 北京：人民出版社，1995：610.
⑤ 马克思，恩格斯. 马克思恩格斯全集. 第3卷[M]. 北京：人民出版社，2002：465.
⑥ 马克思，恩格斯. 马克思恩格斯全集：第30卷[M]. 北京：人民出版社，1995：607.

的无产阶级变成了"剩余人口"。资本的发展取决于攫取剩余劳动的多寡,资本越发展,工人的剩余物越少,工人就越发陷入赤贫,成为名副其实的无产阶级,这部分人的劳动能力在马克思看来,"它存在着,但没有它存在的条件,因此,纯粹是一个赘疣,它有需求,但没有满足需求的手段"①。最终的结果是资本主义带来了城市中的"过剩人口",他们联合起来成为无产阶级。另一方面,赤贫的无产阶级潜在地具有打破枷锁的革命性,他们"不仅必须为物质的生活资料而斗争,而且必须为谋求工作,即为谋求实现自己的活动的可能性、手段而斗争"②,这孕育着革命的潜在条件——赤贫。一无所有的"过剩人口"在反对压迫的过程中联合为阶级,最终打破束缚自身的锁链,进入新的历史阶段。此时,"过剩人口"将脱去赤贫的外衣,甚至阶级本身也被扬弃,无产阶级走向了自由人的联合。

按照马克思的看法,人的核心本质是劳动,马克思不仅看到了劳动过程,更看到了劳动物的所属问题,这是形成不同阶级的关键。譬如,耶和华对亚当诅咒道"你必须汗流满面地劳动"③,那就有必要探究劳动究竟是如何成为一种诅咒的。显而易见,自由见之于活动却恰恰是劳动的过程,克服诸种障碍本身即是人类自由的实现过程。私有制的邪恶之处恰恰表现为在劳动物的归属问题上证明自由并不属于劳动者。劳动尺度、劳动资料甚至劳动过程都是外在供给的,它们以一种物的形式从人的本质生命力中抽离出来,以资本的面孔反过来奴役它的主人。当理应获得劳动果实的权利(所有权)被完全剥夺时,无产阶级便诞生了。

---

① 马克思,恩格斯. 马克思恩格斯全集:第30卷[M]. 北京:人民出版社,1995:612.
② 马克思,恩格斯. 马克思恩格斯全集:第3卷[M]. 北京:人民出版社,2002:227.
③ 马克思,恩格斯. 马克思恩格斯全集:第30卷[M]. 北京:人民出版社,1995:615.

显然，无产阶级既非过程的自由者，也非所有物的自由者。无产阶级在劳动过程中，也不得不经受维持活体生命的强迫性奴役。无产阶级除劳动之外一无所有，终止劳动即意味着终止个体生命。资产阶级的情况同样不容乐观，他们非但没有拥有从无产者身上剥夺的物，相反，倒成了物的奴隶，源源不断地将剩余物投入资本的拓殖过程中，资本家本身做了节欲的牺牲，正如西尼耳先生所说，资本家"没有直接把自己的产品吃光，而是用它来发财致富"[①]。在这个层面上，资产阶级和无产阶级一样都陷入了被支配的境地，成为城市社会中阶级对抗形式的一部分。

因此，以城市人口批判为代表的政治经济学方法是马克思理解城市主体的尺度，借助这一尺度，马克思对城市无产阶级的生存境况做了精确的分析，即资产阶级经济学家关注抽象的"人口"，而马克思关注的城市无产阶级为代表的现实个人。借此昭示了无产阶级作为潜在城市主体的历史命运，即无产阶级只有打破枷锁，才能在解放自身主体力量的同时解放世界。

二、"无产者"与"物产者"：城市主体的双重幻象

尽管理论上，马克思大致描绘了城市无产阶级联合起来打破枷锁的历史命运，但随着资本主义的不断发展，西方城市越发表现为有效产能的大量集聚以及不断被激活的相对剩余人口的聚集，城市成了不断提供活劳动的蓄水池。城市中原本赤贫的"无产者"也日益转变为依赖于物的"物产者"，由此勾勒出现代性视野下城市主体从"无产者"到"物产者"的嬗变过程。

[①] 马克思，恩格斯. 马克思恩格斯全集：第30卷[M]. 北京：人民出版社，1995：616.

"无产者"不同于无产阶级，无产阶级从生产关系中得以界定，而"无产者"从生产多寡中予以定义。在西方城市社会，"无产者"可以分为三类。第一类是有劳动能力的人，即卷入资本主义生产体系且充当生产要素的体力劳动者。第二类是丧失劳动能力的需要救济的弱势群体，如孤儿、贫困儿童等。第三类是流落街头的无劳动能力的人，他们往往采取不正当的活动获取劳动果实，又被马克思称为"流氓无产阶级"。这里的"无产者"主要指第一类因劳动而致贫的无产者。这部分"无产者"的核心特征一方面表现为物质层面的匮乏。物质匮乏使"无产者"为维持自身生命而不断地出卖活劳动，出卖的活劳动越多，被褫夺的剩余价值就越多，因而越渴望维持生命，越沦为赤贫；另一方面，物质匮乏带来了精神匮乏的副产品，陷于贫穷的无产阶级难以顾暇精神，唯一令他感兴趣的只有面包。事实上，无论是物质匮乏还是精神匮乏，其最终结果都是生命力的匮乏。如果说剩余价值的夺取只是最初步骤，那么，工人阶级一旦丧失供给活劳动的能力，摆在他眼前的便是剩余生命力的全部剥夺，由此彻底变为资产阶级经济学家口中的"人口"和布尔乔亚应当被剔除的不光彩源头。马克思从剩余价值角度揭示了工人阶级沦为"人口"的现实，并且从历史的角度为无产阶级的赤贫状况加以限定："只有在以资本为基础的生产方式下，赤贫才表现为劳动自身的结果，表现为劳动生产力发展的结果。"[1] 跨越资本主义的历史阶段，物的极大丰富将终结匮乏现象。尽管鲍德里亚对此评价说："甚至马克思的超越观点，也无法摆脱对政治经济学的依赖。"[2] 反过来，也正是在这一层面，马克思力举的实践意义才表现为对资产阶级社会的全面扬弃。

---

[1] 马克思，恩格斯. 马克思恩格斯全集：第30卷 [M]. 北京：人民出版社，1995：608.
[2] 让·鲍德里亚. 生产之镜 [M]. 仰海峰，译. 北京：中央编译出版社，2005：43.

现代性世界是一个由生产力发展所引导的物质丰裕过程。基于此，有学者表示"现代性世界是'剩余'时代"①。物的剩余引发了消费主义的洪流，换言之，消费主义即是这种生产力剩余的副产品，落后的乌托邦人自然不懂何谓"剩余"，他们对消费的理解还停留在前现代。现代社会，对于剩余物的消费并进而形成的消费关系体现为一种强力的同质（统治）关系，它将人锁死在交换关系当中，用马克思的话说，"一切肉体的和精神的感觉都被一切感觉的单纯异化拥有的感觉所代替"②。在这种情况下，处于相同境遇下的畸形物——"物产者"就产生了。与200年前的无产阶级面临的"物质之贫"不同，"物产幻象"的首要问题在于"精神之困"，人在对象化的过程中丧失感觉能力，他们对于社会整体的感知只能是属物的，背离了马克思所称颂的"具有丰富的、全面而深刻的感觉的人"③，形成了现代城市新的"贫困"问题。马克思在《1844年经济学哲学手稿》中分析的工人阶级贫困问题尚能通过生产力的不断发展被克服，而现在新的"贫困"问题却恰恰是由生产力发展所带来的剩余物的恶果，也进一步昭示了"经济增长或技术进步不是达到社会稳定和建立真正人道主义关系的灵丹妙药"④。资本的自我完善与校准模式使其在现代社会拥有了更为持久的生命力，这意味着匮乏现象并未因生产力的发展而终结。对于城市主体，纯粹赤贫的无产阶级日益没了踪影，取而代之的是一个新的幻象——"物产幻象"。

---

① 邹诗鹏. 现代性与剩余[J]. 学术月刊, 2016 (8)：40-51.
② 马克思, 恩格斯. 马克思恩格斯全集：第3卷[M]. 北京：人民出版社, 2002：303.
③ 马克思, 恩格斯. 马克思恩格斯全集：第3卷[M]. 北京：人民出版社, 2002：306.
④ 雷蒙·阿隆. 阶级斗争：工业社会新讲[M]. 周以光, 译. 南京：译林出版社, 2003：6.

"物产幻象"正如它的名字所示，由物产生，被物衡量，时时刻刻表现为物对人的奴役关系，作为现代城市主体的新特质。物首先是一种死物，一种被客观化了的劳动物。在这一点上与马克思所批判的资本有共同之处，"资本，也是生产工具，也是过去的、客观化了的劳动"[①]，人通过与物的交换来换取维持自身生命的生产资料和消费资料。其次，"物"体现了一种活的物化关系，一种人与物交换的普遍关系，以往被批判的资本家不过是物的人形代表而已。在城市中，对这一奴役关系的有效表现是消费主义，依据消费能力强弱和消费物的多寡重新将社会中的人划分与归类，"富人""中产阶级""暴发户""工薪阶层""低保户"等称谓即是依据。尽管这些称谓后面并没有"阶级"二字，而是以更为温和的"阶层"论，但仍难掩其依据物划分城市主体的规定性。在消费社会，传统阶级的界限变得模糊，"物产幻象"更具普遍性，借助物的衡量体系，划分出城市中的阶级，这类由物中介的人，在其独立性上，本质是不自由的。最后，物并不会因为物的丰裕而走向终结。在莫尔的《乌托邦》中，"只一件外套就使人称心满意"[②]。乌托邦的生产力发展水平大体相当于16世纪初英国的水平，现代社会所有物的符号——奢侈品却成为权贵的象征。如鲍德里亚所述："只要物还只是在功能中被解放，相对地，人的解放也只停留在作为物的使用者的阶段。"[③]

进一步考察"剩余"现象，我们发现，这不过又是一个关乎物的"剩余幻象"。关于社会生产力极大发展的论断的显见前提是物的绝对剩余，现在摆在眼前的境况不过是一种相对剩余。正如生产概念在马克

[①] 马克思，恩格斯. 马克思恩格斯全集：第30卷［M］. 北京：人民出版社，1995：26.
[②] 托马斯·莫尔. 乌托邦［M］. 戴镏龄，译. 北京：商务印书馆，1996：60.
[③] 尚·布希亚. 物体系［M］. 林志明，译. 上海：上海人民出版社，2001：16.

思政治经济学中的优势地位，生产的副产品——物乃至物的剩余也很难被取代。尽管马克思也不断地声明："资本既然不断把自己作为剩余资本再生产出来，它就有制造这种贫困的趋势，又有消除这种赤贫的趋势。"① 然而，正如马歇尔·萨林斯所论"阶级社会所创造的贫穷问题，随近代自由市场经济的发展而加剧"，"'匮乏'意义在社会中成为主导，具有普遍性"②。由此可见，资本内在具有的相反趋势在现阶段仍然交替进行，不断修补，以保证资本关系存续。换句话说，只要人们享受"剩余"带来的暖流，资本的寒流就如影随形，在私有制下，它们永远是同卵双生物，造成了今天城市中的"剩余幻象"。

在"剩余幻象"中，绝对贫困的现象消失了，传统意义上的无产阶级消失了踪影（物质丰裕与精神解放一并消失），但相对贫困却依然存在。所以真正的情况是：贫穷消失了，但穷人依旧存在。穷人褪去了褴褛衣衫，自愿成为城市运转的一个齿轮，组成了城市中的隐形贫困群体。他们时常面临失业和迁居带来的恐慌，只有工作才是活着的唯一本质规定，本质上与工具并无差别。这里，我们不得不澄清人们对穷人的巨大误解：难道"穷人得先有饿瘪的肚皮，才相信贫困？"③ 难道穷人只有沦为"贱民"并因而成为"失去了正当、正直和自尊的一类人"④，才能得到同情？"物产幻象"中的相对贫困取代了无产阶级的绝对贫困，二者都借助物的衡量体系，在消费面前获得短暂的"平等"。

---

① 马克思, 恩格斯. 马克思恩格斯全集：第30卷 [M]. 北京：人民出版社, 1995: 614.
② 马歇尔·萨林斯. 原初丰裕社会 [M] //许宝强, 汪晖. 发展的幻象. 北京：中央编译出版社, 2001: 77.
③ 卡特琳·哈特曼. 富国的贫困 [M]. 李明瑶, 译. 北京：人民日报出版社, 2000: 9.
④ 夏莹. 论黑格尔的"贱民"与马克思的"无产阶级"观念的结构性差异 [J]. 学习与探索, 2019 (3): 15-21.

在"物产幻象"中，城市人在看似平等的入场资格中，都步入了阶梯式地对物的追求过程中，这种晋升体系在鲍德里亚看来是没有出路的，"只是在一个物的梯级上前进"[①]。本身具有无法接近的抽象性，在其独立性上，难以达到真正的自由。

因此，仅仅将贫困视为"一种带有经济属性的客观偶然性"[②]并未看到贫困产生的真正缘由，自然也就无法缓解穷人的困境。如马克思所说，真正的要紧之处在于"贫穷从现代劳动本身的本质中产生出来"[③]。无论是"无产幻象"还是"物产幻象"，他们在出卖活劳动的整个过程中如出一辙，所以，他们陷入的"贫困"问题也十分相似。无产者将自我本质出卖给了资本家，自身变成了"无"，"物产者"将自我本质出卖给了物，自身也变成了"物"，人在出卖自身劳动时不约而同地忘记了资本和剩余物的同卵双生关系，使自身也变成了这一关系。在此意义上，对城市的政治经济学批判并未过时，这一方法在克服以"无产者"与"物产者"为代表的主体幻象的同时将城市中人的主体地位显现了出来。

三、城市主体力量的显现

马克思对"人口"的批驳过程彰显了无产阶级成为潜在城市主体的可能性，然而在资本逻辑的浸染下，它仍然承担着转化为"物产者"的风险。事实上，无论是"无"还是"物"，都没有超出主客二分的逻辑框架，阶级本质上作为人的能力的客体化现象，都预先设计

[①] 尚·布希亚. 物体系[M]. 林志明, 译. 上海: 上海人民出版社, 2001: 176.
[②] 夏莹. 试论黑格尔的"贱民"与马克思的"无产阶级"观念的结构性差异[J]. 学习与探索, 2019 (3).
[③] 马克思, 恩格斯. 马克思恩格斯全集: 第3卷[M]. 北京: 人民出版社, 2002: 232.

了一个与我不同的外在物并发展出客体对主体的"从属"问题,进而演化出"所有权""法""不公平""非正义"等现象。因而,"无产者"与"物产者"只是城市主体的阶级幻象。要想破解城市发展中的资本逻辑,达到真正的城市主体,其路径展现为政治经济学批判。

在城市研究中,应正视政治经济学批判的方法论地位,将其视为一种中性方法,而非革命的导火索。对城市人口的政治经济学批判实际上是对阶级固有经验的扬弃与革新。这一重新理解在如今的城市建设中具有一定的现实意义,有利于缓和城市不同阶层之间的对立情绪,进而激发城市建设中不同主体的共同力量。这意味着所有进入城市的人都是城市的主人,凡是对城市建设贡献力量的人都应当居于城市主体地位,无论其"物产"薄寡、地位高低,共同履行城市主体的权利与权力。

马克思通过对商品的政治经济学批判,寻得了商品世界的全部秘密,今天,也只有通过政治经济学批判才能穿过人口的迷雾,彰显出主体的能动力量。与资产阶级经济学的"人口"范畴不同,马克思否认人口规律在任何时候和任何地方都是一样的,他断言"每个发展阶段都有它自己的人口规律"[1]。马克思在承认客观思维形式的同时确认了人口规律的历史性和地方性,这说明他的研究对象始终是处于社会交往关系中的人,只不过当规律以一种观念的方式反映出来之后,"呈现在我们面前的就好像是一个先验的结构了"[2]。严格地讲,"不管个人在主观上怎么超脱各种关系,他在社会意义上总是这些关系的产物"[3]。在马克思看来,资本家只是经济范畴的人格化,是一定阶级关系的承担

---

[1] 马克思,恩格斯.马克思恩格斯全集:第44卷[M].北京:人民出版社,2001:21.

[2] 马克思,恩格斯.马克思恩格斯全集:第44卷[M].北京:人民出版社,2001:22.

[3] 马克思,恩格斯.马克思恩格斯全集:第44卷[M].北京:人民出版社,2001:10.

者，而他的背后还蕴含着生产、分配、所有的复杂关系。因而，阶级并不是拍脑袋的产物，而是现实复杂关系的承载物。只不过当它以一种观念的方式反映出来之后，现在的很多困境都能够在这一套逻辑中找到影子，譬如，由资本逻辑衍生出来的"金钱至上""人情淡漠"等资本问题被归结为城市问题。这种化约方式使人们将复杂问题简单化，多重原因单一化，这正符合人在进化过程中所形成的趋利避害的本性。特别表现在人们面对难以轻而易举突破的复杂现象的时候，内心总希冀一个能囊括所有的终极答案出现。某种程度上，宗教、领袖、信仰在运作路径上具有这一功效，人们在研究马克思阶级概念的时候留声机似的复述了上面的逻辑。马克思明确指出了要害："从抽象上升到具体的方法，只是思维用来掌握具体并把它当作一个精神上的具体再现出来的方式，但绝不是具体本身的产生过程。"① 在此意义上，阶级的分析方式符合从抽象上升到具体的过程，真正的主体借此展现出来。

近代哲学以来，主体思维脱域而出的前提便是主体与客体的分离。对"我思"的确证让主体与客体走上了统一之路。对城市的反思行为显现了城市主体的存在。一方面，城市主体的觉醒离不开政治经济学批判过程。城市主体作为一种合理的抽象，来源于具体的人。其一般形态是抽象而出的，因而其具体含义需要视历史和现实的情况而定。这意味着城市主体的分析来源于对具体的人的分析，只不过作为一种可被理论分析的抽象概念，"它在思维中表现为综合的过程，表现为结果，而不是表现为起点，虽然它是现实中的起点，因而也是直观和表象的起点"②。从最简单上升到复杂这一抽象思维的进程符合现实的人类文明

---

① 马克思，恩格斯. 马克思恩格斯全集：第30卷［M］. 北京：人民出版社，1995：42.
② 马克思，恩格斯. 马克思恩格斯全集：第30卷［M］. 北京：人民出版社，1995：42.

进程,即主体性思维发生作用的现实场域——城市也在人类文明中承担了重要角色。

城市主体的反思过程彰显了政治经济学批判的过程。如果抛弃了这一立足于现实分析的方法,城市主体就有被当作人脑凭空产生的想象物的风险。城市主体是基于现实具体的阶级现象反思后的产物,是城市建设中应当关注的人类总体。人本身在思考"何谓主体"的这个过程就已证实了人的主体思维存在,实则以一种反思的形式发生隐性作用。当然,主体的反思并非教育产物,也并无必要为了某种先验的准则而摇旗呐喊,这对于真正的主体性的澄明毫无益处。其结果是"坚持万物都可在已有的先验准则基础上被赋予清晰明确的含义,这种观点最能慰藉已有的政治秩序"。譬如,社会的规训体系鼓励人们发扬勤劳本性,因为"勤劳,能改变一切"。在这一口号之下,资本的所有物被偷换成劳动所有物。它同属人类的劳动物,具有天然不可剥夺的正当性。借助此种置换,真正的事实就变成了:劳动者越勤劳,被拿走的越多,变成的资本家的所有物就越多,这一过程具有"天然"的正当性。

另一方面,城市主体表现出强烈的自觉意识和穿透现实的批判力量。卢卡奇将历史改造为主体,将历史视为人类自己的能动创造。无产阶级以其实践本质担当了历史进程中的主体和客体的统一体,这种"被赋予的阶级意识",在卢卡奇看来是"变成为意识的对阶级历史地位的感觉"[1],通过无产阶级的阶级意识能达到对社会历史的总体认识。在现阶段的关乎城市主体的考量方式中,主体的理解仍然是基于当前经济状况所形成的粗陋理解。马克思在研究经济范畴的时候就意识到:"无论在现实或是头脑中,主体——这里是现代资产阶级社会——都是

---

[1] 卢卡奇. 历史与阶级意识 [M]. 杜章志, 译. 北京: 商务印书馆, 1996: 162.

既定的。"① 无论主体的具体承接者是何物，它都将在历史的反思中被扬弃，因为它只能被当前历史及其与他物的相互关系所决定。同理，在现阶段的城市主体研究中，这个主体仍然只能是现代资产阶级社会的。在此意义上，"无产者"只有在普遍贫穷的前提下才能意识到自身的使命联合为"无产阶级"，"物产者"也陷入了卢卡奇提到的普遍物化的现实境况。一个被"无"所困，一个被"物"所扰，都难以达到主体的自由之境。城市主体内在包含着否定的力量，它借助主体被否定的双重幻象而认识到自身力量。当人们以阶级的方式对城市中的人进行分类的时候，就内在地将阶级与私有财产、分工和国家捆绑在一起，阶级本身成了所有物的依赖物，其阶级意识是被资本所给予、被社会所教育的"启蒙"产物，是"私有财产基础上建立起来的局部支配方式"②。因而，无论无产阶级的具体承载物在特定历史阶段表现为"无产者"还是"物产者"，其最终的命运都昭然若揭："推翻资本主义生产方式和最后消灭阶级"③，它以终结存在基础的方式终结自身。

马克思通过对商品的政治经济学批判，寻得了商品世界的全部秘密，城市研究借助人口的批判，彰显了城市主体的力量。城市主体是一种具体，表现为多种规定的综合。一方面，作为总体，城市是一种可被思维和理解的反思物，是一种基于具体实践的思维整理。譬如，城市哲学研究以城市主体为研究对象即体现了人的反思活动。但城市主体并非自我产生、自我发展且凌驾于现实之上的抽象物。相反，城市主体植根

---

① 马克思，恩格斯. 马克思恩格斯全集：第30卷[M]. 北京：人民出版社，1995：47.
② 安东尼·吉登斯. 历史唯物主义的当代批判：权力、财产与国家[M]. 郭忠华. 译. 上海：上海译文出版社，2010：108.
③ 马克思，恩格斯. 马克思恩格斯全集：第44卷[M]. 北京：人民出版社，2001：18.

于具体的政治经济学实践中，其丰富内涵来源于人的现实实践；另一方面，作为具体，城市主体既不是某一类的人，也不是特指某一属性类的人。而是作为总体且植根政治经济学实践中的人，人在何种程度上，采取何种方式的实践过程，反映了人的主体能动性，城市建设中的成果是人本质力量的绽放物。在此意义上，现实的实践中的人能担当得起城市的主语，是城市主体的现实载体。在此过程中，城市主体不断转换与丰富自身，最终超越了某一个人和某一阶级，是克服了资本逻辑的人类主体性实现。

城市中的人在意识到自身的主体命运的同时走向总体。城市本身是一个生产总体，在城市总体中，生产、消费和分配等不同的要素之间存在着相互作用，每一个有机整体都是如此。城市中的个体是关系着的生活总体，他们抛却了阶级的外衣，以"自身之所是"的特点成为联合着的有机体。对他们来说，生活本身不仅仅表现为生存的手段，个体的价值也不仅被物所衡量。他们在城市中自由劳动的时候，不再觉得自己是动物，相反，他们在运用人的技能的时候真正地成为人，而城市成为家园。

总而言之，对真正城市主体的追寻并非某种价值尺度的想象与推衍，其可能性孕育在对现实不合理事物的政治经济学批判中。现阶段，城市本身的复杂性仍然使一部分人遭受着"无产者"与"物产者"的种种苦难，这实际上是"'资本之不发展'与'资本之发展'"[1]显现于人的具体困境。因此，城市研究中的政治经济学批判方法并未过时，如何激发人的主体力量共同建设城市美好生活是人民城市的内在课题，在其本质上这一批判路径与马克思寻求人类解放和人类自由发展的理论旨归一脉相承。

---

[1] 罗骞. 历史唯物主义：一种可能性思想[J]. 哲学研究, 2010 (6).

第三节　城市主体的市民社会基础催生出共产主义理想

一、市民社会的基础

谈到城市，就不得不提它与市民社会的隐含关联。20世纪八九十年代兴起的关于"市民社会"的讨论将市民社会视为理解历史唯物主义的核心概念。在这当中，城市与市民社会的密切关系也得到了关照。有学者认为："市民社会与城市居民领域密切相关，市民社会产生于欧洲中世纪的自治城市。"[1] 也有学者认为："城市是市民社会的载体，市民社会是城市现代性的集中体现。""市民阶级和市民社会是在一定历史条件下演化的一种城市文明。"[2] 无论是上述观点中认为城市与市民社会具有密切关系，还是干脆将市民社会理解为城市社会，都无疑展示了二者的密切关系，为我们进一步研究城市的市民社会基础提供了范本。

很明显，城市的兴起早于市民社会，城市最早产生于商业活动的聚集区域。按照亨利·皮雷纳的说法，市集（Fora）作为职业商人定期聚会的地点，就设在形成商人聚居地的地方，"市集促进了城市的发展"[3]。换句话说，城市的诞生与商业的传播亦步亦趋，10世纪开始，城市最初是以商人聚居地的形式存在的，随着城市不断发展壮大，吸引

---

[1] 胡承槐. 论"市民社会"及其历史地位——兼评"重建市民社会"[J]. 哲学研究，1999（11）.
[2] 张海夫，段学品. 市民社会与和谐城市的共生关系[J]. 宁夏社会科学，2008（3）.
[3] 亨利·皮雷纳. 中世纪的城市[M]. 陈国樑，译. 北京：商务印书馆，2006：88.

来新的居民，所占面积也越来越大。直到"11世纪初期，城市里的居民得到市民（Burgenses）这个名称"①。由此看来，城市的发展促进了市民社会的产生。不仅如此，在语源学上来说，市民与城市具有同源性：

"在古英语的文献中出现port一词，用作拉丁文urbs和civitas（城市）的同义词，而且今天在所有说英语的国家的城市名称中还常常碰到port这个词尾。在古荷兰语中使用poort和poorter两个词，第一个词的意思是'城市'，第二个词是'市民'。"②

由上可以看出，市民在其基本意义上指城市中的居民，但又不仅限于此，"'市民'（Burgher）一词不单单指城市的居民，而是表示享有公民权的城市居民，市民社会不仅指'单一国家，而且也指业已发达出现城市的文明政治共同体的生活状况'"③。在马克思恩格斯的文本中，"Burgher"具有多重指称，包括与乡村相异的城市居民、城市自由民、第三等级、市民阶级与近现代的国民、公民等④。无论其具体含义如何，谈到市民时总是容易联想起商品经济。也正基于此种考虑，有学者称马克思将市民社会客观性的一面改造成了"经济基础"，并在此基础上建立了公民国家⑤。

在城市、市民社会的基础之上，作为一般政治机构的国家产生了，

---

① 亨利·皮雷纳. 中世纪的城市 [M]. 陈国樑，译. 北京：商务印书馆，2006：97.
② 亨利·皮雷纳. 中世纪的城市 [M]. 陈国樑，译. 北京：商务印书馆，2006：93.
③ 戴维·米勒. 布莱克维尔政治学百科全书 [M]. 北京：中国政法大学出版社，2002：125.
④ 沈越. "市民社会"辨析 [J]. 哲学研究，1990（1）.
⑤ 张康之，张乾友. 对"市民社会"和"公民国家"的历史考察 [J]. 中国社会科学，2008（3）.

这是现代国家的最初形式。17世纪市民社会指一种与自然对立的，依赖于政府的生活状态。19世纪，市民社会被看作是一种孕育城市商业生活的社会，以商业为主要目的。这与黑格尔意义上的市民社会不同，在黑格尔看来，"市民社会是处在家庭和国家之间的差别阶段"①。市民社会包含三个环节：第一个环节是需要的体系，个人通过劳动来满足自己及他人的需要。第二个环节是"包含在上列体系中的自由这一普遍物的现实性——通过司法对所有权的保护"②。第三个环节则是通过警察和同业公会来预防上述两个体系中的偶然性，并关怀作为共同利益的特殊利益。市民社会中的个体则以自身利益为目的，将他人视为实现自己利益的中介，居于其中的人是利己式的个人，即市民社会中的个人。在黑格尔这里，市民社会是一个私人领域的集合体，马克思继承了黑格尔的市民社会概念，"市民社会"是一个普适的分析性概念，它不只是指市场经济条件下的私人生活领域，而是指任何一个历史时期内与政治国家相对应的私人生活领域。"在这个社会中，人作为私人进行活动，把他人看作工具，把自己也降为工具，并成为异己力量的玩物。"③私有财产是市民社会当中的个人权利，人们可以自由任意地享用和处理自己的财产。此外，市民社会还须保障个人平等、安全等权利，这使得马克思的市民社会成为现实的产物，市民社会中的人是直接存在的人，国家的政治上的人只是抽象的人、法人等。这向人们展示了市民社会的重要性，只有通过个体的劳动和集体的经验两个部分，人才能认识到自己作为存在物的力量，从"公民"回归"市民"，进而实现人的解放。

---

① 黑格尔. 法哲学原理［M］. 范扬，张企泰，译. 北京：商务印书馆，1961：197.
② 黑格尔. 法哲学原理［M］. 范扬，张企泰，译. 北京：商务印书馆，1961：203.
③ 马克思，恩格斯. 马克思恩格斯全集：第3卷［M］. 北京：人民出版社，2002：172.

市民社会将自身冠于以商业行为为主的城市行会当中，城市居民则表现为市民，他们团结起来反对封建贵族以及作为虚幻共同体的国家形式。至于市民社会与资本主义社会的关系问题，我们不妨追随马克思的脚步，将市民社会理解为与资产阶级相关的，某个特定历史时期的产物。二者的区别在于市民社会以商品关系为主，而资本主义社会以资本关系为主。当然，也有学者认为市民社会本身是一个阶级意味十分明显的指称，难以做中性化理解，由此也引出了诸如当今中国是否存在市民社会等类似的争论。我们这里无意进入争论，而是将市民社会视为城市社会的经济属性的一部分，并且作为城市社会的基础而存在，最终在扬弃资本主义社会和市民社会之后进入城市社会。

城市社会当中的人某种程度上是"市民"（市民社会意义上的私人）与"公民"（政治国家意义上的共同人）的结合。市民社会当中的个人是私人，他们把自身的利益作为自己的目的。这部分人在城市社会中结合为家庭，最初通过手工式的作坊形式保障私人财产。国家作为虚幻的共同体将个体的利益以虚幻共同体的形式展现出来，汇集了市民社会中个体的政治精神，形成一种普遍事物的观念。至于二者的关系则表现为：市民社会的私人（自然人）是政治国家的基础，他们被赋予了政治身份——公民（Citizen）[1]。当私人意识到自身作为类存在的社会力量，并且不再将这种力量分离出去变为抽象物的时候，人的解放才能实现[2]。这实际上意味着"市民"与"公民"、"个体"与"共同体"、"私人"与"类"会合的过程。随着市民社会被历史湮没，这一过程体现为现代的城市社会当中，人们在城市当中既从事个体的物质生产又遵

---

[1] 马克思，恩格斯. 马克思恩格斯全集：第3卷 [M]. 北京：人民出版社，2002：189.

[2] 马克思，恩格斯. 马克思恩格斯全集：第3卷 [M]. 北京：人民出版社，2002：189.

从集体的组织力量制约，达成了个体与共同体在城市社会中的平衡，随着人们走出个体的家门，进入广场、街道、市政厅、办公室，进入一系列能提供与他人合作关系的劳作过程，城市人处于"市民"与"公民"双重身份的不断转换中，最终实现超越个体与共同体的解放。

二、主体的实践过程

城市哲学研究是否涉及实践维度？对这一问题的探讨涉及城市哲学的学科定位问题，即城市哲学是理论哲学还是实践哲学的问题。与其他哲学相比，城市哲学的特别之处在于城市融汇了现实的人及其与社会的互动关系。这意味着，城市哲学无论如何都不可能是纯粹的形而上学产物。甚至，城市这个名称以一种指代处所的方式，本身就暗含着人类的实践维度，是人类实践活动的客观场所。因而，某种程度上，城市哲学继承了马克思主义哲学的实践维度，对城市哲学的研究真正地打开了马克思主义哲学实践维度的研究路向。

马克思在《关于费尔巴哈的提纲》第八条中表示："全部社会生活在本质上是实践的。"[①] 他反对将理论引向神秘主义，通过对实践的理解能够找到导向神秘主义的根源。除此之外，马克思在不同的文本中对劳动过程的不断提起更加确证了实践在马克思主义哲学当中的重要角色。普遍的理解是实践哲学和历史唯物主义成了马克思主义哲学的两条臂膀，有着举足轻重的地位。20世纪70年代末，我国关于真理标准问题的大讨论更是将"实践"推到了一个极为重要的理论高地，影响了之后40余年的中国改革进程。然而，在实际运用过程中也产生了一些意想不到的困难，比如，对实践的过分强调开始衍变出工具主义和功利

[①] 马克思，恩格斯. 马克思恩格斯文集：第1卷 [M]. 北京：人民出版社，2009，501.

主义的味道，譬如，在城市的建设中以实践结果（功用）为导向，继而忽略了宜居的必要性。这说明实践在落地的过程当中产生了一些不适应的症状或者有引起人们误解的可能性，比如，"实践是不是一个可以被先在的思维和理论所完全驾驭的必然的领域"以及"实践在马克思那里是指一个由先在的思维、观念和理论所完全驾驭的领域，还是指相反的情况"[1] 这类问题反映了人们对实践的模糊性理解。由此也带来了实践与价值的割裂、理论与实践的割裂等困境。

城市哲学有意弥合这一点。城市哲学基于市民社会，是人类历史实践当中的一部分，同时关于城市人的理论从人的总体性方面以及人与自然的双向互动方面兼顾城市中人的价值维度和文化向往，从主体能动性方面弥补了实践理论的文化维度。城市哲学并不是一个简单的学科综合，而是一个新的问题领域与新的研究方法的融会贯通，填补了历史唯物主义的空白场域。某种程度上，城市哲学应当属于实践论的一部分。实践在历史唯物主义中的作用，在现代社会当中，被综合体现为城市哲学。对城市的重视即是对历史唯物主义中实践维度的重视。在这个层面上，城市哲学作为一种新的理论视野在其地位方面应当得到正视。具体来说，城市是人进行实践活动的场域，在实践过程中，人以行动主体的身份发挥作用，进而影响城市的发展进程。它内在地包含两个互文维度：一个是城市作为实践的活动场域，孕育了城市人这个行动主体；另一个是人作为实践的行动主体，影响其活动场域——城市。

（一）城市作为主体的实践活动场域

在行文过程中刻意突出城市人的主体性的意图在于摒弃对"实践"概念的庸俗化理解，即仅仅以经验主义和实用主义狭隘地解释"实践"

---

[1] 李佃来. 历史唯物主义的实践维度与理论维度 [J]. 哲学研究, 2017 (5).

概念，并进而依次理解城市，将城市视为单向的人造物。列斐伏尔重提日常生活有意中和这一倾向，他认为：传统的经验主义和实用主义仅考虑单个人的实践，他们用实际效果和较为庸俗的功利心态作为行事的标准和准则，"忽视了因有很多巧合和冲突而激动人心的个人生活和社会生活戏剧性事件，忽视了个人生活和社会生活的深刻性和问题"[①]。这种经验主义长期以来都具有吸引力，它简化了实践的复杂性，使其富有可操作性并易于传播和渗透。而这并不是马克思的实践的本来意义，甚至玷污了马克思主义的思想。

实践作为一种感性的改变客观世界的活动是马克思"颠倒形而上学"中最为重要的方法并据此在马克思主义哲学中占据重要位置。在此基础上，社会形态的更迭与变迁顺理成章地以时间顺序（历史）的方式被熟知。事实上，实践本身同样具有并置性的空间特点。具体来说，在一个兼具并置性、多元性、差异性的时代，建立何种"合宜"的社会形态作为一种纵向的历史性维度的讨论难题，已经无法满足当代政治形态话语，也就是说依据单一历史特点所塑造的社会是不合时宜的。相反，由实践的方法所塑造的多元化公共空间场域（社会），恰恰是历史唯物主义被忽视的维度。

就生产实践发生领域来看，实践必定以市民社会作为实践来源和实践场域。而马克思对市民社会的青睐从批判黑格尔的法哲学就已然开始了，在马克思看来，对法的关系的理解源于其物质生活即"市民社会"。简单说，"市民社会"在马克思看来是一系列现实关系的总和，尤其是物质交往关系总和，由此推论出以这种物质交往关系为基础所形成的是一个具有物质属性和现实属性的公共领域。问题也就自然而然地

---

① 亨利·列斐伏尔. 日常生活批判：第2卷［M］. 叶齐茂，倪晓辉，译. 北京：社会科学文献出版社，2018：436.

转换为如何处理市民社会这个公共领域中的关系了。但这种转换并非空穴来风,马克思还表示:"市民社会这一名称始终标志着直接从生产和交往中发展起来的社会组织。"① 伴随着生产、交换和消费的发展,社会制度、家庭或阶级就会产生,即市民社会产生。所以,马克思的市民社会是作为一种空间组织结构存在的,其中暗含着一定的等级结构乃至阶级结构。

市民社会作为一种公共空间,内涵丰富的共同体空间属性。这首先意味着市民社会中的物质交往关系本质上是一种空间关系。比如,在商品的所有权转换过程中离不开空间位移和人与人的交往关系的空间转化。脱离空间存在的商品关系只存在于思辨哲学家的头脑中,马克思对形而上学的颠倒同样适用于空间。其次,市民社会的自组织结构同样具有空间属性。不同的阶层,包括资产阶级、工人、无产阶级、农民、手工业者共同生产、生活于市民社会的公共空间中,成为结构化空间的一部分,它们互相影响、互相制约,保障其正常运作。最后,市民社会作为一种社会历史概念,包含着具体的城邦、公社、城市、乡村等随着历史变迁而不断改变的社会组织形态,这些具体的社会组织形态的动态变迁和转变更体现了马克思关于空间的思考,城乡差异、人口迁移、社会形态的地理差异等现象使得市民社会具有更加多元的空间属性。由此可以得出结论,马克思的实践不仅仅具有空间性,其实践的场域(市民社会)同样是空间的产物。

城市哲学中应当首先确立研究城市的有效性条件,即研究城市的工具。实践的场域——城市即是城市研究中的基础性因素。换言之,城市是人进行实践活动的重要场域。但这并不能忽视实践的所指和能指在于

---

① 马克思,恩格斯. 马克思恩格斯文集:第1卷 [M]. 北京:人民出版社,2009:582.

人的事实。如果摒弃了人在这一过程中发挥的积极作用，单纯以实用主义的标准来衡量，城市发展将产生不可估量的灾难性后果，最大利润化地、大批量地毫无节制地发展，以迎合标准，进而丧失了理性，这是伪装在现代性光环之下城市建设正在和即将发生的事，因而有必要重提人在这一实践过程中所扮演的角色。

（二）人作为城市实践的行动主体

城市人作为一种具有自我创造、自我完善的行动主体，在改造城市的过程中彰显了自身的创造力。人改造城市的过程是人通过实践的方式凸显出自身主体身份的过程。相应地，在理论维度上，城市哲学当中的实践维度体现为城市主体的行动过程。

在城市中，城市人是行动者的代号，无论他们是主动地还是被动地改造周围环境，人们在特定的空间及具体的场所所采取的特定运动都能表明他们的行动者身份。这种行动有时以责任的形式体现出来，城市中的人担任着多重而复杂的角色，比如，人进入工作场所后，人的身份转换为"脑力劳动者"或"体力劳动者"等，回到家里则承担起"父母""子女""配偶"的责任。与传统意义上的市民社会当中人的利己本性不同，城市人在进入不同空间场域的时候，伴随着明显的身份转换，城市即为这种多重身份的转换提供了场域。当然，无论人处于哪种身份之下，都自觉或不自觉地成为城市行动的一部分，塑造着城市。

动物也进行劳动等简单的实践活动，比如，猩猩会利用简单工具捕食猎物，蜘蛛能够编织结构精巧的网。但这是否就意味着人与动物在劳动过程中并无二致？在黑格尔看来，这种区别在于是否具有自我意识，将自我意识设定为人的本性。人在发挥自我意识时，对象化出整个世界，进而有目的地改造环境，改造自身。动物难道就没有自我意识吗？恐怕就目前科技所知，还难以妄下定论。但马克思看穿了黑格尔近似唯灵论的自我意识的呓语，挖出了自我意识的市民社会根基，看到了居于社会关系中的人的现实活动的重要性。姑且不论个体在城市中是如何依赖他人劳动来生活的这一常识，无论单个的人如何不善交往、闭门不出，也不能完全地脱离他者所提供的物质基础。甚至，作为城市中人的身份，他无时无刻不处于物质、情感、文化等的交换与交往之中，完全自私的、封闭的人在城市中难有立足之处。人与动物的区别之处在于人总是社会性的、交往中的人，城市在促进人的交往层面提供了物质基础和人与人的互动场域，真正结成了交往的人与交往的社会形式。

在城市中，实践本身在其语义理解上更为侧重过程和结果的表达，将实践主体转化为行动主体的目的则在于强调主体采取实践活动中自我意愿的实现。城市人是一个有目的的实践者，实践者的行动突出人有目的、有意愿的行为动机。譬如，城市中的人在改造建筑时，不会单纯强调建筑的实际功用，还掺杂了人或多或少的文化层面的设计与审美。建什么形式的高楼，将城市设计成何种样子都无不渗透着人的超脱于物质层面的审美能量和伦理需求。这个城市建设目的的诉求过程体现了人的主动性和目的性，进而凸显了人在改造城市过程中的主体力量和行动精神。

三、共产主义理想为代表的城市精神

如果说资产阶级国家的世俗基础是市民社会，那么无产阶级国家的世俗基础就是城市社会。资产阶级国家在市民社会中找到发展的力量，无产阶级国家在城市社会建设中重建了共产主义理想。长久以来，城市理想一直居于若有若无的地位，"城市叙述中的理想主义一直为一种工

具主义所遮拦,这种工具主义将城市规划的理想降格为土地及财产发展市场上的技术辅助物"①。一旦理想意象从城市意象中被抹除,佐京大胆地预料其后果:"在下一个千年里,城市可能依然是一种非理想,不具持续性的前沿阵地,在那里,不明事理的部队仍将在黑暗中继续上演他们的械斗。"②抛离了理想与信仰的城市逐渐呈现出同质化、碎片化、片段化等特点。全世界的大城市都表现为同一种模式,一种随时可复制、可推倒、可重建的量化建筑标准。那么,索亚所持的"人类主体自身是一种独特的空间性产物"③的想法将在与空间、疆域、场所为表现的城市中丧失"独特性"。因此,有必要在城市实践活动中重新区分"应当做"与"需要做"的事,重新将符合时代诉求的城市精神彰显出来,这是城市主体研究中不能忽视的重要维度。若想做到这一点,就有必要区分城市建设中的"应当做"和"需要做"的实践行为。"应当做"的事遵循客观科学逻辑,是一种非做且不可不做的行为。譬如,城市建设中,工人实际上并不清楚房子为了谁而建,也无须明了粉刷建筑的意义,他们所谋求的不过是维持生命活动的必要报酬。这实际上是一种迫于生计的"不得不"行为,不能代表决定城市走向的精神意象。相反,"需要做"的事则遵循主观的人本逻辑。在实际的行动过程之初,便赋予了行动的意义和行动的目的,意义和目的等主体性目的被纳入客观的实践活动当中,他们的言行蕴含着所处定向空间的行动意义。

在社会主义社会当中,这种基于人的城市精神体现为市民社会基础之上的共产主义理想。一方面,城市与城市之间从彼此隔绝走向相互联

---

① Michael J. Dear. 后现代都市状况[M]. 李小科,译. 上海:上海教育出版社,2004:6.
② Michael J. Dear. 后现代都市状况[M]. 李小科,译. 上海:上海教育出版社,2004:6.
③ Michael J. Dear. 后现代都市状况[M]. 李小科,译. 上海:上海教育出版社,2004:5.

系，突破了地域的局部现象。与此同时，国家与国家间的互动也在经济活动和文化活动的加持之下转变为以城市为主角的互动活动，"使得新的劳动工具从一个城市运往另一个城市成为可能和现实"[①]。另一方面，人们在城市生活的过程中，逐渐完成了家庭与国家间的平衡并衍生出新的共同体形式（"城市共同体"）。在这个新形式中，人是崇尚主体力量与自由精神的个体的人，拥有一定的改造环境和改善生活的可能性。与此同时，这部分个体的人受到国家的管理、社会的教化和家庭的协助，最大限度地成为共同体中的个体，彰显了个体的公共属性。大卫·哈维从城市权利出发探讨人的集体权利，但他受限于资本主义制度下的城市权利，因此从根本上主张"实现这种城市化过程中的控制权需要采取一种根本和激进的方式"[②]。他未能看到制度枷锁背后的精神性诉求——超越了资本主义城市的共产主义理想，这一理想代表了真正的以人这个主体为基础和目的的城市精神。

以上两条路径在哲学上并不稀缺。一方面，有些哲学家塑造了纯粹而虚伪的主体性概念，一个丧失意志与目的甚至摆脱了时间与空间的纯粹主体，比如，"绝对精神""纯粹理性""自在认识"等，最终成为人变成了"一只完全无法想象的眼睛，一只其目光无论如何都不会有方向的眼睛，一只其能动和解释性的功能受到束缚乃至缺失的眼睛"[③]。另一方面，社会学研究以客观化阶段和客观化工具为前提，但这并不意味着城市仅仅是历史发展的某一阶段性产物。具有主体性质的人始终具有主观精神和建构力量。他们为城市这一空间纳入了意义，使其摆脱了史前的自然产物形态，转而成为属人且为了人的协

[①] 胡承槐. 论"市民社会"及其历史地位——兼评"重建市民社会"[J]. 哲学研究, 1999（11）.

[②] 大卫·哈维. 叛逆的城市[M]. 叶齐茂, 译. 北京: 商务印书馆, 2014: 5.

[③] 皮埃尔·布迪厄. 实践感[M]. 蒋梓骅, 译. 南京: 译林出版社, 2003: 41.

作物。

　　综上，城市主体存在的必要性不仅仅在于摒弃了城市建设中的主观主义和实用主义的单一向度，相反，它在弥合二者断裂关系的同时，提供了一种真正可实现的精神理想。

第三章

城市主体之宏观维度分析

第一节　基础维度：全球化视域下的城市发展

一、空间生产与全球城市

丝奇雅·沙森在其著作《全球城市》中提出：如今在世界范围内出现了一种新型城市"全球城市"，纽约、伦敦和东京等城市堪为代表。作为空间分散与全球一体化的结合过程，"全球城市"集中了大量的经济资源，城市之间的经济网络逐渐宰制全球经济命脉，某种程度上重构了城市社会和世界经济金融秩序。伴随着多层级、多层次的世界城市网络体系的形成，"全球城市"创造了不同于国家的新型城市的战略角色，在国际活动中发挥了巨大作用。全球城市强调世界空间的结构性特征，国外城市研究中的"首要城市"（Primate Cities）、"世界城市"（World Cities）、"国际城市"（International Cities）、"超大城市"[1]

---

[1] 张鸿雁，李强. 中国城市评论：第1辑[M]. 南京：南京大学出版社，2005：52-55.

(Mega-Cities) 等类似概念为理解"全球城市"提供了一定的参考效应。

然而，如果人们仅仅将对城市的理解植根于全球化体系当中，很容易陷入资本逻辑的单一化解释中。像沃勒斯坦、亨廷顿、詹姆逊等理论家就将全球化理解为"资本主义世界体系"抑或"晚期资本主义状态"，据此理解的城市也沦为了资本空间布展的产物。城市开始具有了如"全球经济组织中高度集中的控制点""包括创新生产在内的主导产业的生产场地"[1]等新功能。城市本身也变成了"全球化本质实现的现实空间基础"并且"城市体系实现着资本的全球控制"[2]。这种理解的背后将城市与城市之间的关系理解为要么是发达城市对发展中城市的剥削关系，要么是发展中城市对发达城市的依附关系。

毫无疑问，资本力量在全球化的扩张过程中发挥了主要作用，但这并不意味着全球化仅仅是一个单质的资本扩张过程。为了避免误解，这里以全球化进程中的"全球城市"为研究对象，以便与"全球化"的经济学理解相区别。多琳·玛西并未停留在沙森关于全球城市的单一经济实力分析论上，她提出银行、金融和相关服务的全球网络并不总是城市的交流方式。在全球化体系中，仍然存在其他形式的力量，共同组成了全球城市的权力体系。在全球城市体系中，"强大的城市是'指挥点'，它们'集中控制'，它们互联达成"[3]，全球城市的多元模型体系据此显露出来。

信息化技术在全球城市的发展过程中扮演了重要角色。网络技术使

---

[1] 赫曦滢. 历史的解构与城市的想象[M]. 北京：社会科学文献出版社，2015：234.
[2] 赵强. 全球化与城市研究：视域缺陷及角度转换[J]. 苏州大学学报（哲学社会科学版），2016（6）.
[3] 多琳·玛西，约翰·艾伦，史蒂夫·派尔. 世界城市[M]. 杨聪婷，译. 武汉：华中科技大学出版社，2016：100.

劳动力的流动和发展开始不依赖于地理上的集聚,地理对信息分享与传递的限制开始减弱,金融中心与次级金融中心乃至非金融中心之间的差异逐渐缩小。原本的经济中心往往也是城市中心,然而信息技术的发展重组了不同城市单位的布局,使城市内部或者城市之间的空间布局呈现出一种相对平等与扁平的共在形式。这种共在的城市基础逐渐代替了资本逻辑体系中以中心与地方为特点的支配形式。目前,关于城市与城市之间的关系问题引起了学界重视,有学者将中国城市之间的互联关系总结为"城市际性"①(Interurbanity),以之分析"中国都市一体化及都市圈背景下的城市间关系"②。"城市际性"侧重描绘城市与城市之间的相互依赖性,暗含着城市与城市之间的平等和开放地位,为城市之间形成互利共赢的局面打下了理论基础。在资本不断发挥作用的今天,某种程度上,城市理论对城市间关系的关注有利于中和资本逻辑在城市中的决定性地位。

如果全球化只能按照资本主义的"扩张—危机"的模式不断修补,那么,资本的扩张逻辑就成了不可避免的进步产物。此时,新自由主义的全球化成了全球化的唯一表现形式,人们将资本主义全球化简单地予以省略或据此进行某种话语战术转移,借以掩盖寻找资本主义可替代性方案的可能。

在寻找一种反抗全球化中对同质化逻辑的替代性方案过程中,人们发现对地方和场所的强调有利于化解资本的强力逻辑。现代性视域下的空间被想象为"地方"的、即区分的、隔离式的空间,这有利于人们将"地方"从时间序列中拯救出来。事实上,当"空间差异被并入实

---

① "城市际性"指随着时空压缩而形成的新的都市互动过程中城市间的关联样态及其结构,又指随着都市一体化区域及时空压缩而出现的不同城市生活的事实性的同城化现象。
② 邹诗鹏.城市际性与都市一体化[J].探索与争鸣,2019(9).

践序列，不同'地方'被诠释为单一时间发展中的不同阶段"① 会带来比如地理的时间化，譬如，将地理区域民族的特殊性卷入时间序列当中会带来诸如欧洲是高级进步的、非洲是滞后的等印象。发达地区与不发达地区，发达国家与发展中国家变成了一种地理区域层面上的时间序列划分产物。实际上，场所和地方指代差异性、独特性和并置性。"场所精神（Genius Loci）来自古罗马，根据古罗马人的信仰，每一种'独立的'本体都有自己的灵魂（Genius）、守护神灵（Guaraian Spirit），这种灵魂赋予人和场所生命，自生至死伴随人和场所，同时决定了他们的特性和本质。"② "场所精神"与"场所现象"（The Phenomennon of Place）有关，二者同为对环境特性的总结性话语。不同的是，场所精神更为强调情境的地方性，借助日常生活意义化的过程表达具体事物的空间意义。

二、全球性与地方性的诸种特点

既然已经谈到作为政治表现的全球化现象，就有必要在此基础上厘清地方与全球这一对概念的诸种特点。

第一，全球化和地方依循的资本逻辑不能通过经济发展被克服。在资本逻辑基础上衍生出的"发达国家"与"发展中国家"等称谓，将国家与国家之间的空间差异转换为资本的发展程度的时间差异。似乎只要通过资本程度的发展，发展中国家就能转换成发达国家。在此前提下，处于与全球的对立关系当中"地方，被无可避免地描绘为全球化的牺牲品"③。因此，资本扩张逻辑不能完全地代表全球化的运作过程，

---

① 多琳·马西. 保卫空间 [M]. 王爱松, 译. 南京：江苏教育出版社，2013：94.
② 诺伯舒兹. 场所精神——迈向建筑现象学 [M]. 施植明, 译. 武汉：华中科技大学出版社，2010：18.
③ 多琳·马西. 保卫空间 [M]. 王爱松, 译. 南京：江苏教育出版社，2013：139.

对于资本的时间理解也无法克服资本逻辑。

第二，不能简单地将全球化等同于经济全球化，即资本主义生产关系的全球化。换言之，全球被单一化为资本可扩张的市场。资本的全球扩张关系被大致理解为全球化的过程，如此一来，全球化的趋势就转变为资本主义制度的永恒存续问题，全球化中产生的问题就天然拥有了"小修小补"的必然性。事实上，全球化的产生伴随着多个动因，比如，"地理大发现"、航海造船业的进步与发展、国际贸易和投资的自由化等。因此，不能将其仅仅归因于资本主义生产制度，也不能简单地将其等同于资本的全球扩张过程。这一理解不过是片面强调全球化的经济属性而已。全球化拥有多重维度，涉及经济、文化、政治、艺术多方面，是多种非同质因素的集合体。

第三，从哲学原理来看，全球与地方的分野背后是普遍性与特殊性的辩证关系。全球化是一种普遍趋势，是一种万物互联的历史趋势。马克思在《共产党宣言》中表示，资产阶级由于开拓了世界市场，使一切国家的生产和消费都变成世界性的，任何始于地方和民族的自给自足状态逐渐被往来和依赖所代替。资产阶级日渐消灭财产和人口的分散状态，最终形成具有统一法律和统一利益的民族。马克思以历史的眼光预测了资产阶级联合的趋势，然而这种趋势会被其产物——无产阶级所取代。今天这种联合的趋势在信息和通信技术的前提下成为现实。

具有特殊性的对象在空间想象中被统称为"地方"。地方意味着边界、疆域、范围，实际上是具有民族特性的国家、地区和城市的空间化代词。地方是一个特殊的单数，当人们在指称"地方"的时候，实际上说的是"某个地方"，是带有特殊性的唯一具体指称。地方不是一个虚指的复数，当人们谈到地方的时候，实际上已经在空间上为其划界了，是这个地方，而不是那个地方。在这个意义上，城市中的建筑

(家）可以被理解为一个人行使权力的地方。对于人来说，地方还可以被理解为一种身份的指涉，某人来自某个地方（家乡）。这一地方是与他人不同的特殊空间，孕育着具有特殊性格和特点的人，这是地方所蕴含的特殊性含义。另外，面对着时间对空间异质性的涂抹，不同的地方还能被诠释为时间序列中的不同要素。在这种情况下，时间不是本真开放的，永远是被制造的产物，是一种永远没有任何事件或新奇性特征的时间性。由其所塑造的空间也不总是开放的，都将永恒地处于被制造的过程当中。通过对异质性和差异性的强调，地理不再是被忽视的过程，转而成为与历史并列的过程，比如，对空间进行年代的排序，使得历史具有了主动权，对历史进行时间性的理解，使得空间具有了历史感。这意味着历史不仅仅是时间的也是空间的，空间表明了一种并置性和特殊性。之所以将历史想象为直线的、进化的等一系列主要时间序列来自地方性历史与其他历史关系的混乱。

第四，全球化强调国与国、地区与地区之间的整体联系。全球化首先是指代不同对象之间的关系。相同对象之间只有同一关系，全球化明显不是同一对象之间的同语反复，也不是多重对象之间的相关关系。相反，"全"本身意味着至少三种以上的不同对象之间的联系。在此意义下，全球化本身是一个富含多样性的概念，而"多样性的概念带来了空间"①。

当然，全球化并非一个即时性的空间概念。这与常识意义之下人们对全球化的理解不太相同。通常来说，人们往往将空间的时间性理解为一种即时性，换言之，全球化意味着一个即时性的空间。比如，古代通信不发达，古人常常采用飞鸽、烽火的方式进行通信。今天，信息和通信技术的发展使地球变成了一个"村"，物理距离大大缩减。全球化带

---

① 多琳·马西. 保卫空间[M]. 王爱松, 译. 南京：江苏教育出版社, 2013: 126.

来的"时空压缩"的突出表现即是不同地方的人共同经历同一时刻，也就是全球化理解之下的时间性——即时性。即时性在当代有很多，比如，"迅捷""5G""直播""即时消息"等代名词。借助即时性工具，全球化中的超越遥远距离的即时联系被轻易地建立起来了。

不可否认，即时性也同样意味着短暂性、可替代性，甚至是一段可被时间克服的短暂距离。失去距离的空间是可怖的，这意味着空间内部的凹陷以及多样性的丧失。当整个世界转化为一种声音和一样的景观时，人的存在样态就只能是同质的且差不多的。为了避免此类现象，应当对空间的即时性意义予以辩证认识。

第五，全球化兼具流动性特点与地方的固定性特点。马克思在《1857—1858经济学手稿》中提到了"用时间消灭空间"的论述，有学者将此视为马克思对信息传播乃至物流关系的著名论断，这为后来学者提示了将流动性引入全球化的必要性。毫无疑问，全球化带来了人类精神和物质层面的互通有无。据此对全球化持悲观态度的人担心由此带来不受约束的流动性和没有边界的空间，因而，他们强调地方性，认为地方代表了一种地理学上的集聚和固定性，地方是抵挡全球流动性的最后防线。一般来说，全球化消解地方性，流动性反对固定性，它们之间的割裂关系始终阻挡着对全球化的流动性认识。如果人们将全球化想象为一种带有"纵深感"的地理图绘，全球化就能摆脱作为一种地理和空间的现象的困境，转而成为蕴含着空间广度与历史深度的复杂扩展过程。这表明全球化的流动性和地方的固定性共同发挥作用，为联系的普遍过程赋予特殊性。在时间层面固定特点，在空间层面流动发展，共同加强了全球化这一历史趋势的深度和广度。

当然，全球化的流动性特点仍然是一种被限制的流动性。在多琳·玛西看来，现代西方资本主义社会，穷人不能自由流动，富人才能自由流动,"来自所谓世界边缘的穷人和没有技能的人,则一方面受到训导,开放自己的边界,欢迎西方的侵入,一方面又被告知待在他们所在的地方原地不动"①。对于穷人来说,物质上越贫穷,他所拥有的生存和流动的地理范围就越狭窄,而这不仅仅体现为他拥有的住房面积的大小,甚至动态上还包括了流动范围、流动频率和流动距离等,这使得穷人的自由始终是一种被限制的流动。

三、"士绅化"与城市主体的动态更新

"士绅化"(Gentrification)一词由英国社会学家露丝·格拉斯于1964年第一次提出。Gentrification 源自中世纪欧洲的一个社会阶级 Gentry,其社会地位仅次于贵族,类似于中国的古代士绅阶层,现今主要指城市或者社区的中产阶级化,即城市原本的低收入阶层的居住空间被中高阶层所取代的空间变化过程。"士绅化"在欧洲、美洲的出现历经40到50年历史。中国最早的研究文献出现在《规划师》1991年第3期,当期的《西方绅士化研究对我国城市社会空间研究的启示》一文表示,尽管中国不应将西方的"士绅化"理论完全照搬过来,但对其的研究过程仍然值得学者注意。尤其在城市研究中预先了解与借鉴西方发达国家的城市发展规律,有利于合理地预见中国城市发展的未来趋势,进而最大限度地避免走西方城市建设中的弯路。当然,基于不同的国情,中国城市发展并非一定走与西方发达国家相同的"士绅化"道路,相反,走什么道路以符合自身特点则更具根本性,这项理论初衷内在地要求城市理论研究者们对西方城市中的"士绅化"等现象有所回应。

具体而言,伴随着城市建设中人类主体能力的全方位提升(经济、

---

① 多琳·马西. 保卫空间 [M]. 王爱松,译. 南京:江苏教育出版社,2013:120.

政治、文化地位等），"士绅化"本身是一个城市化作用于城市主体并使之进行动态更新的过程。"士绅化"借助城市主体的能动因素将人的主体能力提高与改造环境的实践能力联系起来。与"驱逐""阶层替换""社区消融"等解读范式相比，"士绅化"不失为一个从主体视角出发的解读城市化对人影响的理想模型。

然而，在中国历史的特殊语境之下，为了避免"士绅化"与"士绅""阶级""乡绅"等概念相裹挟所带来的不利联想，人们往往也将其称为城市更新。在城市中，建筑、街道和广场的更新带来了越发精致与典雅的城市建筑，城市主体的更新则意味着人类生活水平的提高以及由此引发的对高品质空间的追求意愿。在这一层面，城市更新并未带来城市的割裂与分离现象。相反，无论是建筑风格的更新还是人类阶层的更新，都意味着激活了城市建设中的活力因素。当然，城市主体更新应当与乡村城市化进程相区别，它本身是基于自身发展特点的二次城市内部更新过程。此时，中产阶层逐渐成为城市更新的主力，他们借助自身技能学识的提高重新回到更为舒适的城市家园，更好地建设城市。而城市本身也以此吸引更为优质的人才，进一步促进城市的更新过程。

早在20世纪60年代孟德拉斯就预言了法国"农民的终结"，而20年后的法国社会则证实了孟德拉斯的预言。为了避免这一恶果，有必要在"士绅化"过程中考虑农民的地位。"中国的城市化进程会导致农民的消失吗""农民如何成为城市更新的一部分"等问题使得一个对城市更新的巨大误解亟待澄清。尽管城市与乡村属于非同质的因素，但二者共同组成了城市生态系统的有机部分，缺少任何一环都有使对方沦为另一方附属的可能，对于强调多样性的生态系统来说无异于灭顶之灾。从一些城市学家将城市视为多样生态系统的观点中可见一斑。芝加哥学派的R. D. 麦肯齐在《人类社区研究的生态学方法》一文中，强调利用生态学力量[①]研究城市的可能性。L. 沃斯也表示"城市可以被看作是三种基本过程的产物，即生态过程、经济过程和文化过程"[②]。由此可见，农村、农民、农业是城市这一生态系统的必不可缺的重要因子，共同保证了城市的活力与发展。

另外，必须强调的是城市更新并不能替代农民和农村。城市作为先进生产力的代表，其终结对象始终指向落后的生产力。目前阶段，尽管农村和农民仍然被塑造为落后生产力的代表，但这并不意味着他们将是城市化过程中应被剔除的不稳定因素。分不清这一点，就很容易陷入城乡的对立情绪当中。事实上，农民的真正出走是在工业革命之后。随着工业化和城市化的发展，农民才逐渐向城市转移，更多的人口脱离土地，资本家使农民逐渐丧失土地变为城市无产阶级。按照维基百科的定义，农民是以农业为职业的人，其中包括种植业、畜牧业和林业等自然经济产业为职业的人，具体到古代中国，农民还有佃农、自耕农、雇佣农的形式，现在中国则指户籍制度下的农业人口。然而，今天农民则变成了一种社会等级，是默认的社会底层的群体。农民外出务工和生活被看作是对土地的背叛，被称之为"背井离乡""农民工""外地人""流动人口""新公民"等，这些称号实际上蕴含着对农民和农业的歧视性指责。现代人在城市化的进程中混淆了农民与贫穷的界限，"贫穷"成了农村摆脱不了的标签。正如某些城里人尤其担心乡下的穷亲戚的到来一样，贫穷甚至成了一种可怕的会传染的疾病，城里人生怕自己会被传染，患上诸如自私、节俭、见识短浅等"穷人的毛病"，而这

[①] "生态学力量：生态学力量是指那些与竞争过程有关联的力量，以及因居住和职业而形成的人口分布和分隔现象而言。通过竞争以及影响竞争的那些因素，如贸易中心等，城市的每一个邻里，都变成了更大范围内社区的一个不可缺少的组成部分，并将自身的命运以这种联系同大社区系结在一起。"转引自 R. E. 帕克，等. 城市社会学 [M]. 北京：商务印书馆，2012：144.

[②] R. E. 帕克，等. 城市社会学 [M]. 北京：商务印书馆，2012：170.

在他们的社区集体中并不光彩。人们喜欢谈论"特权""阶层""资源",凡是无法被理解的有关"经济基础"的不合理问题都能诉诸这种"权利"的解释,进而掩盖了它隐性的"剥削"本质。然而,这种看法在其流行程度上反过来确证了它深入人心的程度。在功利主义的迷雾之下,"现实的人"被曲解为"现实"的人,每个人都想成为这个"现实"的人,更何况被伪造的城乡之间的巨大沟壑了。在今天,将城市与乡村割裂的二元分裂思维尤为突出,有论者将其视为一种现代性思维,因为"标志着现代世界的,是一系列的二元分裂"①,某种程度上,城乡危机关系二元化的现代哲学思维之困。

实际上,关于城乡关系的割裂问题早已在国内国外诸多的城市学乃至社会主义著作中得以解释。农民的稳固地位在城市建设中已经基本成为共识,简单举例即可窥见一二。比如,简·雅各布森提出可用城乡一体的新社会结构来取代城乡分离的旧社会结构形态。在资本主义的初期阶段,城市达到一定规模后,应停止过量增长,最终形成若干田园城市围绕一个中心城市的形态。考茨基在《爱尔福斯特》纲领当中也明确地表示:"向社会主义社会过渡,绝不要求剥夺小手工业者和小农民","剥夺农民和手工业者的,事实上是资本家,社会主义社会将结束这种剥夺"②。那么,如今再以城市否定农村等诸如此类的二元对立来阻挡城市化进程则显得十分不妥,其后果表现为一顶"莫须有"的帽子戴在了城市研究者头上,使其在论述城市的时候务必加上尾缀"农村",方才显得相宜得当。

也有学者提出"乡村士绅化"的概念,即从城市迁入乡村地区的移民通过经济资本的利用达到对乡村的自然环境与独特的生活方式及文

---

① 张汝伦. 西方现代性与哲学危机 [J]. 中国社会科学, 2018 (5).
② 考茨基. 爱尔福斯特纲领 [M]. 陈冬野, 译. 北京: 生活·读书·新知三联书店, 1963: 118.

化氛围的体验与消费的过程①。这里的"士绅化"实际上已经脱离了原初含义，变成了乡村人口重构和物质景观变迁的代表，尤为强调"城市更新"中的流动性过程。也正是在此意义上，仅仅将"城市更新"视为一场"城市运动"是不够贴切的。"城市流动"实指不同基层、不同职业乃至不同种族之间产生的物质交换和精神交换运动。相较之下，"城市运动"更倾向于地理和物理层面的变化，比如，职业的变更、居住地点的变化等情况。因此，"城市更新"应隶属于"城市流动"，而非"城市运动"的一部分。

第二节 政治维度：城市主体的空间治理智慧

一、空间潜藏的政治关系

人们对于空间与政治关系的理解，大致经历了以下三个阶段：第一，弱（无）政治阶段。长久以来，人们一直将空间视为自然的、中性的地理式产物，某种程度上导致了空间与时间、历史、政治的关系处于被遮蔽的状态。第二，中性的方法论阶段。诸多学者试图将空间的思维方式引入社会历史分析当中，爱德华·苏贾指认了空间与实践和政治的关涉维度②，福柯和大卫·哈维等学者从空间入手具体分析空间权力的运作方式。第三，强政治阶段。列斐伏尔将政治引入空间，对空间进行政治化的考量，指出空间"真正是一种充斥着各种意识形态的产

---

① 何深静，等.快速城市化背景下乡村绅士化的时空演变特征[J].地理学报，2012(8).
② 爱德华·苏贾.第三空间[M].陆扬，等，译.上海：上海教育出版社，2005：1.

物"①。这些研究无疑都塑造了人类对空间和城市的理解。这里需要注意的是，对于空间与政治的关系不能仅仅解读为"城市权""城市革命""空间剥削"等单一的激进话语，这并不符合如今的城市事实。目前来说，与现实相合宜的理论诉求在于探索一个解析空间的微观政治视角。

城市哲学视域中的空间政治哲学在其表达方式上，总是以一种隐而不现的方式出场，其政治性特征隐藏在对城市诸多客体要素的分析之中。譬如，街道即展现为一个可被空间政治分析的对象，街道规划可视为一种带有政治性的空间策略和政治行为。事实上，空间不只是距离，空间塑形内部暗含着权力表达的形式。其中，关于空间的定位、限制乃至符号等都发挥了一定的政治作用。

人走上街道的行为即意味着将自身置于一个关系丛中，一个可与他人产生关联且不断产生新关联的公共空间中，因而很难将此种抽象的关系疆域封闭化。在这个意义上，街道成为一种开放空间是必然的选择。因为街道中来来往往的特殊性代表——人总是给街道带来这样或那样的不稳定因素，这些因素不断地对抗着空间的封闭性，使其在不断地开放中吸引更多的人，成就了街道本身的开放性。另外，城市中的建筑也象征一定的权力。尼采将建筑视为一种权力的雄辩术，以此将人的自豪感和对权力的追寻建立其中。

人们通过筑造建筑来满足情感上和心理上的诉求，譬如，宗教建筑就将人对天国的向往表现为高耸、宏阔等外形特点，使步入其中的人油然而生庄严之感。建筑也是一种十分具有表现力的语言，它借助一种具象的方式来阐述难以描述的人类意图，在这之中或揭示建筑和政治的关系，以表达对人类自我中心主义的颂扬，或成为独裁者夺取和占领的国

---

① 包亚明. 现代性与空间的生产 [M]. 上海：上海教育出版社，2003：62.

家的标志，最终成为极权主义者管理国家的工具和象征。"凡尔赛宫建筑的奢华和地理位置的选择是为了制衡法国各省的贵族势力"[①]，奥斯曼重建巴黎的改造过程为运用枪炮的战争肃清了道路阻碍，等等。

由此，政治意蕴就通过街道、建筑、广场等空间载体呈现了出来，在学理层面，关于城市的政治哲学讨论早已有之。列斐伏尔以"城市权"概念打开了空间政治学的理论空间，哈维循此路径去探讨资本主义迄今为止忽略最多的人权——"城市权利"。在他看来"城市权利"等同于"拥有某种控制权"，在获取权利的过程中，"需要采用一种根本的和激进的方式"[②]。最终结果是"城市国家可能会很快取代民族国家，城市国家的竞争可能会决定新的世界地缘政治秩序"[③]。不难看出，列斐伏尔和哈维都深受马克思思想的影响。他们渐次将激进政治引入空间和城市中。然而，他们都不约而同地夸大了革命的激烈程度，以寻找空间在政治中出场的重要性，在马克思那里，不过是"以革命的范畴突出政治实践对存在历史的本质性介入"[④]。作为一种学理探讨尚可，但也容易被人利用为暴力行为的遮羞布。城市权利有秩序的表达转变为革命式的激进行为，包括但不限于非法占领、暴力破坏等形式，是走向美好城市生活的阻滞因素。

这意味着政治在城市中的表现形式不应局限于对空间正义、空间法权、城市革命等政治概念的思考。城市当中的诸多要素如建筑、街道、公共广场等蕴含着空间政治哲学发微的多重可能，街道的公共性问题也

---

① 迪耶·萨迪奇. 权力与建筑 [M]. 王晓刚，张秀芳，译. 重庆：重庆出版社，2007：10.
② 戴维·哈维. 叛逆的城市：从城市权利到城市革命 [M]. 叶齐茂，译. 北京：商务印书馆，2014：5.
③ 戴维·哈维. 后现代的状况——对文化变迁之缘起的探究 [M]. 阎嘉，译. 北京：商务印书馆，2003：13.
④ 罗骞. 走向建构性政治 [M]. 上海：华东师范大学出版社，2014：62.

仅仅是空间与政治密切关系的其中一隅，其余未曾涉及的微观对象尚需关注与探讨。城市不曾言说，但建筑、街道、公共广场等就在那里，政治哲学研究中的空间维度值得关注。具体而言，以城市广场、街道、开放空间为代表的公共空间是政治生活的基本部分。因而，好的城市生活本质上是一种公共生活。如何过一种主观（自由）与客观（规律）相统一，自由（主观）与规律（客观）相统一的公共生活是构建城市美好生活的要义。这要求人们将公共权力的施行与公共权利的获取限制在一定的范围内，对于城市权利的诉求也应把握好尺度，进行有秩序、合规范的表达。然而，寻找这一表达方式的过程并非易事。理查德·桑内特在《公共人的衰落》中表示"公共生活中的表达都是空洞的"[1]，有必要寻求一种关于"表达是什么"的理论。否则，当人们谈论起公共生活的时候，就只能承担理论抽象与思辨想象的风险，公共性变成了乌托邦的产物。通过对街道这一公共场所的分析，以公共性为代表的空间政治哲学将言之有物，一套摆脱激进政治的现代适应性方案也将行之有效。具体而言，空间政治哲学的重新表达集中在以下三方面：

首先，公共性是空间政治哲学的基本概念。就"公共"二字的原初含义来看，公共意味着陌生人的活动领域或特殊的社会交际领域，"公共"本身包含空间的属性。有论者称"公共之为公共，它的词义本身在不同的语境中有多种理解，但它更与安全或场所关联"[2]。不仅如此，早在17世纪中叶的法国，"公共最初是指那些观赏戏剧的公共人物"[3]。在这之后，逐渐衍化出指称差异性很大的公共领域的词汇——

---

[1] 理查德·桑内特. 公共人的衰落[M]. 李继宏, 译. 上海：上海译文出版社, 2014：7.
[2] 张文喜. 公共阐释的范例——多数公认的法律正义观研究[J]. 现代哲学, 2019 (3).
[3] 理查德·桑内特. 公共人的衰落[M]. 李继宏, 译. 上海：上海译文出版社, 2014：20.

"大都会"。到了18世纪，一个生活在大都市中的人是一个能够自由出入不同场合的人，人们普遍承认"居住在大都会中的人正是完美的公共人"，生活在"大都会"中的人又被称为"城市人"[①]。汉娜·阿伦特的公共领域首先是一个物质上的会面场所，是陌生人相遇的地方，一个人们有着不同意见、地位、种族和经济背景，但是人们却在这里相遇并包容的地方。在此意义上，空间是公共性的现实物质基础，公共性体现在人们的空间活动当中，对公共性的表达是阐明空间政治哲学的必要过程。

其次，以街道为代表的公共空间是空间政治哲学的分析对象。街道本质上是一种公共空间，人走上街道的活动，体现了个人从事社会活动的可能性。在柯布西耶看来，街道展示了两重功用。一方面，街道提供了公共的社交空间，"街道以一种最基本的方式为人们提供了户外活动的场所"[②]，是人们从事社交活动和商业活动的空间，人们置身其中，与人会晤，具有了从事一种公共生活的可能性。没有人能在建筑里（家）度过一辈子，即使是孩童也十分困难。人们轻松自然地在街道上进行户外活动，比如，随意地散步、三五成群地在街头游荡，或者是在街心长椅上与人同坐，都为个体的进一步交往提供了可行空间和交往机会。这种可行性表现使每个走上街头的人都以一种身临其境的适当方式参与社会交往，尽管有时这种参与感是隐秘的、自发的，但功效却是十分明显的。另一方面，街道还在保有公共性的同时揭开了个人化的内心世界。在柯布西耶那里，"街道也是一个可以享受独处，获得私密感的空间"，"在街道上行走，人们能够一次又一次揭开自己内心的世界"[③]。

[①] 理查德·桑内特. 公共人的衰落[M]. 李继宏, 译. 上海：上海译文出版社, 2014：21.
[②] 阿兰·B. 雅各布斯. 伟大的街道[M]. 北京：中国建筑工业出版社, 2009：3.
[③] 阿兰·B. 雅各布斯. 伟大的街道[M]. 北京：中国建筑工业出版社, 2009：3.

当然，柯布西耶是在街道上的事物对个体心灵触动的层面上来讲的，这种外界刺激所引起的触动"非常的个人化"，是人在走向街道的公共生活中所泛起的心灵涟漪。在整个人类的定居历史进程当中，街道往往都是城市中心和聚会的场所，譬如，步行街的诱人之处在于"有机会目睹众生相，结识各种各样的人"①。因而，城市很大程度上离不开人在以街道为代表的公共空间中所从事的交往活动，其中短暂停留在街道中的人以相互照面的形式产生联系，形成了城市公共生活中的独特交往方式。

最后，空间政治哲学以公共性批判为理论介入现实的路径。街道以其本身的客体形式满足了"公共"二字的现实物质基础，成为公共领域的现实承载物。然而，城市作为一个高度复杂和功能分化的集合体，将其视为同质联合体是缺乏说服力的，这意味着国家机器所发挥的调控作用将十分有限。与此同时，被资本逻辑裹挟的公共领域沦为个人寻求刺激的方便处所，"在那里人们可以获得灵感，人们可以寻欢作乐、购物、遇见他人，喝一杯咖啡，但真正的相遇不再发生"②。一旦发生威胁，"行使权力的第一件事就是禁止在街道上逗留和聚集"③，即便街道曾经是人们相遇的场所。街道在人们的劳作之外支配着时间与空间。橱窗、图像、广告所展现出的种种"物体系"，使人们在劳动之外臣服于消费的力量。因此有必要在寻求处理复杂空间秩序的方法论哲学的基础上，强化对街道所呈现的诸种意识形态批判的路径。具体而言，一种是城市的规划者和建设者们通过整理、支配、管理街道等方式来显示自己

---

① 杨·盖尔. 交往与空间［M］. 何人可，译. 北京：中国建筑工业出版社，1992：20.
② 马汀·德·瓦尔. 作为界面的城市——数字媒介如何改变城市［M］. 毛磊，彭喆，译. 北京：中国建筑工业出版社，2018：58.
③ 亨利·列斐伏尔. 都市革命［M］. 刘怀玉，张笑夷，郑劲超，译. 北京：首都师范大学出版社，2018：22.

的优势，对城市的平面展开过程进行几何学和地理学层面的驯化，包括分类、度量、差距、水准等尺度，最终使街道被安排得或井井有条或细密复杂，以便形成单一且持久的权力——"规范化"。一种是将街道的规范过程纳入对人的改造过程，产生了一系列诉求规范化行为的政治性要求——"合规范化"以及由此带来的奖惩机制。通过对上述街道的规范性筹划和人的合规行为的监督方式，最终在城市中形成一种有秩序的流动和一种隐秘且富有安全感的监督体系。以上路径无疑都蕴含于人在城市中的现实实践活动当中，本质上是人规范自身、他人、社会等以满足集体的社会化生产和规范有序的社会化生活的过程，由此启发了空间与政治哲学相互联系的可能性，为今天人们探索一种有秩序的城市公共生活提供了模本。

总而言之，空间与政治的关系不应局限于西方城市理论中的"空间正义""城市权""城市革命"等激进政治概念，空间应尽早摆脱种种政治"症候"，寻求一条符合实际且能指导当代城市治理和城市美好生活建设的理论路径。尽管城市生活中的诸多要素如街道、建筑、公共广场等要素已经昭示了空间政治哲学的出场路径，但更深层次的研究仍有待后续探索。

二、"城市革命""帝国"等空间政治症候

在西方发达资本主义文化的语境之下，空间与政治的紧密关系往往表现为如火如荼的城市革命与街头巷尾的城市权利斗争。比如，大卫·哈维将城市权利视为一种对城市的控制权，获得控制权"需要采用一种根本的和激进的方式"[1]。本质上来说，"城市权利这个观念基本上源

---

[1] 理查德·桑内特. 公共人的衰落 [M]. 李继宏, 译. 上海: 上海译文出版社, 2014: 7.

于城市的街头巷尾、城市的街区，城市权利是受压迫人民在绝望时刻寻求帮助和寄托的一种哭泣"①。诉求城市权利的城市无产阶级被称为Precariat，即不稳定无产者代替了无产阶级，亦可称为城市"流民"。其特征是，生活在城市中的没有保障的，常常是非全职的且没有组织起来的，广泛分布在各个行业中的低工资劳工。城市改造使得穷人、弱势群体和在政治上处于边缘化的人受到了最为严重的冲击。

哈维和列斐伏尔作为马克思主义的地理学家，他们都从马克思主义思想中汲取理论养分，将马克思主义引入城市地理学的分析中。比如，列斐伏尔就将马克思在《资本论》中的资本与劳动的矛盾以及《共产党宣言》中的对无产阶级的深切同情和号召转换到城市日常生活的语境之下。列斐伏尔通过对日常生活经验中的纪念碑、塔、工厂、办公大楼等压制性空间的客观表达，找到了城市中的官僚和政治威权主义的再现。城市革命本质上即是挑战新自由主义的合法性和国家行动的模式，是对以个人权力和私人物品权威为基础的人权概念的"反叛"。在哈维看来，城市权利是资本主义社会中忽视最多的集体权利之一，城市革命是获取这项改造自身权利的可能途径，因而，哈维视角下的城市早已成为政治的旋涡，是空间与激进政治关系的集中表现场所。当然，也有一部分的马克思主义理论家倾向于从客观规律角度来分析城市，他们以马克思主义的危机理论来分析资本主义的危机，这与马克思在《资本论》中对资本运动的一般规律的阐释分不开。无论是借助马克思主义来分析城市，还是借助城市来理解马克思主义，此种结合都使得城市脱离了地理意义上的自然概念，转而具有了一定的社会性、历史性和政治性。

另一个将全球空间与政治相结合的案例是哈特和奈格里的"帝国"

---

① 戴维·哈维. 叛逆的城市：从城市权利到城市革命[M]. 叶齐茂，译. 北京：商务印书馆，2014：6.

概念。在他们看来，"帝国是一个政治对象，它有效地控制着全球交流，它是统治世界的最高权力"①。帝国起源于现代民族—国家的衰落主权以及他们对经济、文化交流不断减弱的控制力。帝国并非原始意义上的帝国主义，与帝国主义相比，帝国不建立权力的中心，也不仰赖固定的疆域边界，它是一个无中心、无边界的统治机器。帝国强调跨区域性，十分依赖不同城市、不同区域之间的互动关系。而帝国之所以能够逃离国家的管制，就在于它最终转变成以城市为基础的系统权力构成。在超越地理局限的意义上，没有国家能够限定帝国的统治权。由此可见，帝国描述了一种事物即将如此的趋势，一个安顿人类自身的场域，一种在历史之外的无疆域的世界，是"代表着生命力量的典范形式"②。目前来说，帝国发挥作用仍羁绊于全球化的体系之内，它本身受到世界金融体系和流动的经济形式的框架限制。帝国作为抵制全球化抑或反思全球化的一个概念，并未真正地完成重组乃至导向新目标的政治任务，相反，它仍然是资本逻辑在城市视域下的理论模型衍生品。

不可否认，帝国的谱系学论证方式底子里还是欧洲中心论的。帝国更像一股强大力量与一种必然趋势，使同质性的进攻策略席卷一切差异性的、民族性的和不同质的产物，最终成了一种跨疆界的力量。帝国的无中心性使其具有了看起来对抗帝国主义的基因，但帝国本身的流动性是基于差异地区强弱极差的，帝国在其流动过程中内在地将区域划分为先进的和落后的。因此，就帝国概念的本质属性来说，仍旧无法摆脱欧洲中心论的影子。不可否认，哈特和奈格里论述帝国所基于的"空间"概念和无中心的特点为城市研究提供了有益因素。特大型城市以往的中

---

① 麦克尔·哈特，安东尼奥·奈格里. 帝国：全球化的政治秩序 [M]. 杨建国，范一亭，译. 南京：江苏人民出版社，2003：1.
② 麦克尔·哈特，安东尼奥·奈格里. 帝国：全球化的政治秩序 [M]. 杨建国，范一亭，译. 南京：江苏人民出版社，2003：4.

心论可以被改造为无中心的城市网络，城市具有实现帝国的可能性并据此成为世界流通体系的一个个节点，不断地发挥作用。帝国在某种程度上打破了国家概念的闭合环节。

多琳·玛西所理解的城市特性正是基于此，在《城市世界》一书中，多琳·玛西表示城市不仅仅是由一种地理或一种历史所带来的单一未来。相反，城市作为汇聚的地方和社会关系的地理焦点，其本质特性在于开放性，即对新的可能和新的人际交流与互动的全面开放。城市即是如此，它潜在地召唤了一种并置性的、开放的、平等的社会关系。因此，应对城市研究中基于西方中心主义的"帝国"思想与一味强调"革命"、街头暴力手段的左翼思潮予以分辨。毕竟这不仅不利于问题的医治，还会造成一定的社会紊乱问题，尤其不利于城市的有序发展。

三、阐扬城市治理中的主体向度

治理（Governance）与政府（Government）二词的英文十分相似，这使得人们对治理的理解容易局限于国家机构层面。然而事实上，对于全球经济来说，治理的实施者正日益受到多方力量的影响，政府在其中并不担任唯一角色。政府和国家甚至应当被视为治理的客体而非治理的主体，城市治理的主体不应局限于国家、市民、个体、城市人等实施对象，城市治理的客体也不应仅仅指城市、社区、街道广场等城市组成元素。城市治理本身包含着治理对象的双向作用，治理一方在行使治理权力的同时也应当受到另一方的监督而成为治理对象，总体形成一个有机的制衡机制。

制衡机制意味着发挥城市治理中的主体向度应当注意平衡城市主体能动性与受动性。能动性指人在城市实践当中所发挥的主体能动性，能动性表现为思维与实践的有机结合，表现为人有目的、有计划地改造城市的过程。主体能动性又称自觉能动性,因而具有价值特性,拥有主人翁的责任特征。城市治理的主人应当自觉、主动地投入城市建设当中,而非被动地受其他价值和目的的影响,由此才能实现城市"善治"①。受动性指城市治理过程中受到其所处时代的历史条件和所处的社会关系的制约。这意味着城市治理并非个别人"拍脑袋"式的理论问题,而是一个实践问题。城市主体在治理过程中的想法和策略应当来源于现实的客观环境,不能脱离当前的社会历史境况,某些层面上,治理策略甚至应当在基于当前社会历史状况的前提下,提前于当前的问题,具有一定的预见性和前瞻性。对于当前不合理的政策方案进行理论上的批判并在实践当中加以变革,由此才能发挥城市治理过程当中的制衡作用。

之所以强调治理的主体向度,是因为人在城市中的活动蕴含着城市治理的可能性,治理行为是人的主体性在城市中的必要表现之一。爱德华·索亚认为,人类从根本上来说是空间性的存在者,总是忙于进行空间与场所、疆域与区域、环境与居所的生产。这一生产的空间性过程或"制造地理"的过程中,人类主体总是包裹在与环境的复杂关系之中,人类主体自身就是一种独特的空间性产物②。反过来,城市人在建设城市的过程中一直都在不间断地创造着自己。所以,当人们试图要解决"我们要生活在一个什么样的城市里这样一个问题时,我们就必须回答,我们究竟要做什么样的人"③。城市治理首先治人,人是城市治理能否成功的关键性因素,当前的很多城市问题恰恰是主体意识缺位和主体让位于资本等原因带来的。因而,在城市建设中,应当发挥城市治理

---

① 欧阳康.城市治理应当成为国家治理的标杆[N].长江日报,2014-11-13(002).
② Michael J. Dear. 后现代都市状况[M].李小科,译.上海:上海教育出版社,2004:5.
③ 戴维·哈维.叛逆的城市:从城市权利到城市革命[M].叶齐茂,译.北京:商务印书馆,2014:4.

的主体向度。

不仅如此，在城市治理的过程中，还应当警惕过度治理情况的产生。城市人在发挥空间治理智慧的过程中应当受到合理性（科学）和合法性（法律）的监督和矫正。最终使城市治理过程变成真正地以人的理性为核心的治理之"道"。"道"指城市治理过程中所依循的理性方法。

发挥城市治理的主体向度的对象包含农民且不限于农民。这无关马克思在何种程度上看待农民，而是马克思主义当代化进程中应当予以重视的现实问题。事实上，马克思的"农民"指的是广泛存在于德法两国的自耕农，"这些农民在经济上只是由于他们还占有自己的劳动手段而与现代无产者有所区别"[1]。不仅如此，在巴伐利亚，自耕农数量众多，"每有一百个农业所有主，就有九十六个参加劳动的家属、五十九个奴役、八个短工和二十二个没有财产的人"[2]。他们视野短浅，"从来不曾超出最邻近的地方关系以及与此相应的地方眼界的范围"[3]。农民的阶级地位处于社会最下层，"压在农民头上的是整个社会阶层：诸侯、官吏、贵族、僧侣、城市贵族和市民"[4]。在马克思的视野里，农民经历了与无产阶级一样的处境，他们的处境甚至更为艰难，"他们散居各地，要取得任何共同协议都困难无比"，就其本性来说，他们"习于顺从"，这些都促使农民只能默默忍受一切。社会主义作为一种以解放全人类为最终目的的学说，不仅仅是工人阶级解放的学说，更不局限于城市中工人的解放学说。马克思关注的是穷人（无产阶级）问题，

---

[1] 格奥尔格·冯·福尔马尔. 福尔马尔文选 [M]. 北京：人民出版社，1984：248.
[2] 格奥尔格·冯·福尔马尔. 福尔马尔文选 [M]. 北京：人民出版社，1984：248.
[3] 马克思，恩格斯. 马克思恩格斯文集：第2卷 [M]. 北京：人民出版社，2009：231.
[4] 马克思，恩格斯. 马克思恩格斯文集：第2卷 [M]. 北京：人民出版社，2009：231.

而穷人不仅仅指工人,也包括丧失土地的农民。由此可以看出,马克思对农民问题的解决思路与激发无产阶级的主体性和解放全人类的伟大事业是一致的。包括农民在内的所有进入城市的人都是城市的主人,凡是对城市建设出力、贡献力量的人都应当在城市中居于主体地位,无论其"物产"薄寡,无论其地位高低,他们在发挥城市主体能力的过程中共同承担着城市的治理责任。在此基础上,城市治理应当阐扬主体的多元价值,保证不同城市群体对于城市不同的理解和目的诉求会影响他们在城市中发挥实践能力的效用。因此,城市治理中应纳入多元化和差异性的对象,将不同的城市群体聚合于城市的治理活动当中。

第三节 文化维度:城市主体的精神气度

本章节着重考察城市哲学当中的文化维度,之所以考量人,强调人的作用是出于将城市哲学与城市社会学相分离的初衷。为了达到城市哲学独立出来的目标,最为关键的是将城市研究的理论目标从侧重社会的研究转向侧重人的研究。毕竟对于一种终极哲学来说,对哲学的思考是对人的存在状况的回应,将城市从社会学和城市学的框架当中解放出来的理论尝试,实质上是对人主体性解放的回应。

一、"恶"的城市与文化焦虑

在过去的两三百年内,伴随着现代化的发展,城市化程度不断加深。在古代社会,城市是文明的顶点,甚至"所有伟大的文化都是城镇文化","民族、国家、政治、宗教、所有的艺术以及所有的科学,全都有赖于一种原初的人类现象，那就是城镇"[1]。文化与城市研究的密切关系可见一斑。随着浪漫主义的兴起，自然成了理论家们歌颂的对象，城市则转变为一种对抗自然的人造产物。一种对于城市的负面印象思潮喷涌而出，对于现代性的批评与反城市主义者成了城市忧虑的主要来源。在他们看来，当人们把"社会进化看作是从伊甸园世界的倒退时，城市作为人类最大的构建物，必然失去了吸引力，成为社会批评的集中攻击对象"[2]。城市作为罪恶之地的观念一直是西方社会批评的主题，生活于城市中的人时常陷入恐惧与焦虑当中，譬如，"广场焦虑"就被视为现代人不适应大都市而产生的疾病症候。一位柏林的精神病医师将都市里部分人"行走能力的丧失"命名为"广场焦虑"。根据弗洛伊德和其他精神病医师的报告，当中产阶级病人们面对新的户外空间和空旷无人的大道时会出现无法移动自己的身体甚至完全瘫痪的现象。因而，都市现象给人的精神状况带来的困扰值得研究者注意。

西方的城市学和社会学对于城市中人的论述，往往集中于批判层面。城市被视为放荡、罪恶和放纵之地，滋生了人类的欲望和享乐。卢梭从情感角度探讨城市对于人的消极影响，在他看来，"一个大都会就是一个无底洞，它将把人民的善良风俗和遵纪守法与勇于任事及热爱自由的精神斫丧得几乎一干二净"[3]。城市里的人的可笑傲慢态度令人感到厌恶。城里人贪图安逸，人们变成了贪图悠闲的懒汉，他们成天追逐由此种生活方式产生的欲望，生活浪荡，而且为了过这种浪荡的生活，他们什么可耻的事情都愿意做。卢梭作为浪漫主义的代表，他认为充满着田园牧歌的乡村生活才是值得回味和歌颂的。在他看来，乡村生活是

---

[1] 斯宾格勒. 西方的没落：第2卷 [M]. 吴琼, 译. 上海：上海三联书店, 2006：78.
[2] 约翰·伦尼·肖特. 城市、文化与权力导论 [M]. 郑娟, 梁捷, 译. 上海：上海人民出版社, 2015：461.
[3] 卢梭. 科西嘉制宪意见书 [M]. 李平沤, 译. 北京：商务印书馆, 2013：15.

值得人们依恋的，乡村生活平静而简朴，一个国家如果想变得独立和自由，必须发展农业而不是商业，因为商业总是以人与人之间的奸诈交往为前提。在此意义上，农村、农业和农民更值得向往，毕竟对于人来说，"商业创造财富，而农业能保证自由"①。

格奥尔格·齐美尔从人际交往角度探讨城市对人之恶果，齐美尔的出发点在于，城市居民不可避免地与陌生人交往。然而，城市居民每天乘坐拥挤的公共汽车、火车上下班或者走在大街上时，也许根本没有眼神交流，更没有富有意义的联系。因此，齐美尔说："正是这种远与近的结合构成了陌生人正式的地位。"城市中的人具有一种"漠不关心的态度"，人与人追逐私利的热情使他们尽管身体聚集在一起，但他们依然行驶在自我利益的海洋之上，漂浮在城市的孤岛，依然是抽象的。他们与城市的关联不过是商店与顾客的模式，各怀利益的人云集在市场当中交换私利，这些人群在资本家眼里只是数字一样的存在。数字化的人群是排斥熟人的，因为熟人之间没有办法以"算计"的方式交换。卷入城市当中的人彼此是不熟识的，也没必要熟识，城市使各类的人聚集在一起，然而他们之间并不能建立除了"算计"之外的其他关系。由此，城市人的混杂特性就显现了出来，与此同时，城市人的利益交往对熟人社会的侵袭与吞噬使得生活在乡村和小城镇的人感到困扰。

齐美尔对大都会的描述参照的是 1890 年的柏林，探究大都会的结构对个体性的消极影响。在他看来，此时正处于资本积累蓬勃发展阶段的柏林正是作为货币经济的温床而存在的。在货币经济中，现代的一个突出特点是算计，算计是货币自带的突出特点，算计加之于都市中的人，进而形成了都市精神的特质——世故而保守。金钱寻求一种基于精确性的契约关系，当这种契约关系渗透到生活的方方面面时，便使都市

---

① 卢梭. 科西嘉制宪意见书 [M]. 李平沤，译. 北京：商务印书馆，2013：7.

当中的人成为寻求私人利益的抽象个体。他们擅长用头脑代替心灵做出判断，试图从群居生活中退隐出来，人们甚至不认识自己的邻居，都市导致或助长了个人的独立生存状况。与齐美尔的感性推论不同，马克思是从生产的角度给予答案的。在货币经济中，分工是必不可少的一部分，分工提高了生产效率，然而，对劳动者来说，分工却使一部分人变成了受局限的城市动物，使另一部分人变成了受局限的乡村动物。人的独一无二性和不可替代性被统一为普遍人性，分工导致了对个性的掩盖。马克思关注的是资本主义进程当中的城市，将城市看作最清晰地表现资本主义自身的空间。作为现代性充分发展的现代城市，生活在城市当中的人总是不自觉地对抗着现代性，是注重个体性的哲学家们对城市的基本评价。

理论家们关于城市的种种恶评使人进入城市的过程如洪水猛兽一般的可怕，滋生了一些人对城市文明的焦虑之感。城市的焦虑来自"无场所感"，具体指"一种没有历史和记忆，不能自我主宰从而亦无法产生意义的纯粹的空洞的在场"[1]。"无场所感"与城市的同质化现象有关。随着信息技术的发展，即时性变成了主导城市发展的武器，而地方性抑或个体性是对这种即时性的反叛，削弱了即时性的速度，城市变成了平面的富含效率的传播之地，同质化和无差异的复制过程使世界各国的大城市呈现出类似的景观。

大城市的同质化景观反过来使生长和生活于城市中的人，逐渐习惯于这样一种消费结构与欲望环境，进而丧失了"城市精神"。本质上，城市精神应当属于城市文化的维度。城市调动了人的精神力量，将其寄托于一房一舍、一街一道，人们不断地贴近并确认它，希求有朝一日融

---

[1] 胡大平．生活在别处——地点的褪色和城市文化焦虑［J］．华中科技大学学报，2018（1）．

入城市当中。城市体现了人的形象，这意味着人建造怎样的城市，就是建造怎样的自己，人们对房舍、对空间的装饰即是装饰人自身。最终，人成为一种城市秩序的主宰者和自身命运的主人。人对自身主体命运的掌控，构成了城市人内在宇宙的具体化。尽管马克思不断地强调经济和物质基础在社会历史中的基础作用，但不可否认精神和文化维度在其中发挥的重要作用。当然，这一维度往往具象体现为城市精神，是人们直观感受一座城市的底蕴。那么，何谓城市精神？城市精神即是以城市命名的持续激活人类主体的精神。具体而言，城市精神具有一种批判维度。城市人的批判精神源自人对现实情况的反思过程。人在不断的变化当中考量现实，又不断地在变化中创造更好的现实。城市精神代表一种永不停歇的向上的活力，它不以个体的湮灭而停止，而是以总体的人的精神不断地向前发展。城市精神是城市人在光怪陆离的现象世界发现的不凡精神，其不凡之处就体现为城市人在洞察现实和改造日常生活的过程中，联合为总体力量，突破桎梏，达成人的总体解放的过程。

二、"闲逛者"视角

在本雅明看来，现代性应当具有更为直观的阐述方式。这一直观方式通过"闲逛者"的视角而展开。走上街道的闲逛者将街道变成了居所，他们徘徊在商店之间，就像合法公民居于私人住宅一般[①]。拱廊作为街道和室内的交界处，是私人空间与公共空间的交合之地。从街道上的"闲逛者"这个第三者的视角可窥见城市中个体与大众的纠缠关系，由此亦可剥离出城市人所应具有的精神气度。

"闲逛者"（Flaneur）曾多次出现在爱伦·坡和波德莱尔的诗篇中，

---

① 瓦尔特·本雅明. 巴黎，19世纪的首都[M]. 刘北成，译. 北京：商务印书馆，2018：100.

本雅明借"闲逛者"这一形象,体会着个体在城市中的异质性,即都市中个体与人群的不断结合与疏离过程。在本雅明看来,如果将自然类比进社会系统当中,"人群实际上是一种自然景观"①,大自然借助人群对城市行使着基本的权利。当然,这一比拟与本雅明所采用的蒙太奇的叙述方式有关,关于"在"人群当中的体验,他强调一种对于情境的意象分析。譬如,在本雅明看来,"行人在人群中的震惊体验是与工人在机器旁的体验相一致的"②。"闲逛者"走在街道上,他们闪烁的瞳孔与拱廊下的灯牌映衬在一起,光与影在黑暗中交错,越来越多的人聚在有限的空间内,一如原始丛林般晦暗,看得见的和看不见的都踽踽蠕动在长街上,形成了不知通向何方的人流。这种聚集并不会增加人们彼此之间的熟识程度,他们不过是一种"具体的聚合",一种因私人利益的偶然性而形成的聚集。"一条街道、一场火灾、一场车祸就把人们聚在一起,而不是按照阶级路线来界定这些人。"③ 他们彼此从身旁匆匆走过,好像他们之间并没有什么不同,从社会的角度来看,他们代表着孤立的私人利益,依然是抽象的人。

聚合在一起的方式是否能使人逃脱抽象性?情况恰恰相反,约翰·伦尼·肖特认为"对城市的恐惧通常就是对群众的恐惧"④。人们"走上街头"的行为暗示了其对于动荡城市的偏见,在大街上行走化身为对于城市现存秩序的威胁。以西方社会的都市典型——纽约为例,"对

---

① 瓦尔特·本雅明. 巴黎,19世纪的首都 [M]. 刘北成,译. 北京:商务印书馆,2018:131.
② 瓦尔特·本雅明. 巴黎,19世纪的首都 [M]. 刘北成,译. 北京:商务印书馆,2018:224.
③ 瓦尔特·本雅明. 巴黎,19世纪的首都 [M]. 刘北成,译. 北京:商务印书馆,2018:131.
④ 约翰·伦尼·肖特. 城市、文化与权力导论 [M]. 郑娟,梁捷,译. 上海:上海人民出版社,2015:462.

于一无所有者、穷人和边缘化的群体来说,城市构成了他们上街游行、采取集体行动或者进行破坏行为的背景、舞台和机遇"[①]。此时,追逐私人利益的抽象个体转变为同质化的群体,成了表达社会不满的风暴产物。尽管人们在密集空间里展现为集体的方式,具有了集体的号召力量,然而,这种街头政治仍然有被极权主义利用的风险。他们只具有集体的力量,而不具有集体的内核。对于回归个体的人来说,仍然是消弭个性的抽象散沙。

都市中的"闲逛者"便只能在零散聚集的人群中寻找真实,然而,它又旋即转化为本雅明口中的"市场幻境"。人群不过是遮掩这一场幻境的薄纱,在此幻境中人不过只是作为一个类型学产物出现的,其个性和特点是无关紧要的事物,其潜在的经济属性被强化了。拱廊是这一幻境的最完美呈现,拱廊与百货商店接合在一起,百货商店利用聚集于此的人群销售商品,借助市场经济的偶然性将个体聚集在一起,孤立的私人利益在拱廊中完成了短暂的交易。人不是第一个也不是最后一个完成此过程的人,人群被叫卖声吸引,迅速聚集,随后又迅速消散,再度回到"追逐私人利益时不近人情的孤僻"当中。我们有理由将拱廊推广到对城市的理解当中,本雅明也正有此意,毕竟在他看来,拱廊即是一座微型城市。

所以,经本雅明的"闲逛者"之眼看到的城市人,要么是纠缠于私人利益当中的个体,要么是沉没于人群洪流当中的籍籍无名之人。无论是在自然意义上还是在社会意义上都无法称之为具有精神气度的人,距离能传扬城市精神的"城市人"还有着一定的距离。

[①] 约翰·伦尼·肖特. 城市、文化与权力导论 [M]. 郑娟,梁捷,译. 上海:上海人民出版社,2015:463.

三、精神气度：一种对抗屈从的主体力量

尽管齐美尔笔下大都市的精神生活，最终回归个人面对社会强势力量（如传统、物质文化、技术等）依然保持独立和追求个性的过程，本质上仍属于人本主义范畴的推演。对于强调科学主义线索的理论家来说，他们试图将都市生活引领到有秩序、有理性的道路上来。当然也有学者走了这种路线，将秩序和活力视为弥合科学主义和人本主义两条逻辑线索的城市文明产物。其中，循着科学主义的秩序原则指合乎规律，强调"结构上的平衡性和一致性，整体上的统一性和连贯性"[1]。这种阐释方式对于解决争论十分有利，但会使城市的文化和精神层面置于与城市人这一主体力量无关的位置，至少看起来是这样的。因而还缺少一个从主体出发且强调主体力量的第三个维度，特别是从一种与客体世界互动的角度出发，生发而出的主体力量，这一现象突出表现在城市人在塑造自身精神气度过程中对抗服从的精神创造过程中。

资本逻辑视域下的城市建筑、街道、公园等客体因素表现为一种强力的权力意志。作为一种可变卖和置换的财富统治，它随时变换形态，体现在日常生活当中的方方面面，在其中生活的人不得不暂时臣服于以商品为代表的城市王国。当城市沦为一个巨大的商品盛宴和喧嚣的中心卖场时，充斥于其中的精神只能是拜金主义，生活于其中的人也只能是基于原子式的个人主义者。目前而言，这种个人主义意识仍然是资本主义社会的产物，是马克思口中的"原子式的个人"。他们不懂自身的主体力量，也不能理解赖以人类主体力量而形成的社会力量。因而，城市主体对抗的对象一方面是城市扩张过程中充斥的资本同一化逻辑，经济拜物教将每个人都转化为物，城市由此体现为物的逻辑，而非人的逻

---

[1] 董慧. 秩序与活力：城市文化空间的意义与构建[J]. 苏州大学学报，2011（4）.

辑。另一方面，是由此带来的利己的"私人"身份。此时，在城市的日常生活当中，除了只能认识到"这一个"人之外，不能认识到其他的关系。一旦坠入城市的群体生活当中，便只能包裹在利己主义的外罩之下，冷漠、自私、无知成了贴在他们身上的标签。当然，这部分人只局限于生活于城市区域，这种困境也只能生长于城市。大城市的匿名性隐匿了与城市相对抗的对象。当城市地域越大，文化越多元时，这种匿名性就越明显。这使得被剥去个体性的人能够隐藏在物的逻辑之下，而免于被斥责为异类。毕竟，"市场幻境"只能抓取到人们身上的交易特征，其他的特质只能被视为累赘，因而这部分利己主义的"私人"在城市中获得了无限生长的可能。

对于主体力量的颂扬能在一定程度上对抗这部分"私人"。一方面，主体反对以商品为代表的资本逻辑。现代性视域下，在资本主义充分发展的西方城市，对于商品的欲望不断地威胁主体的存在，与此同时也给予了主体持存的条件。人成为主体的过程是一个反抗屈从的对抗过程，一个对抗过程中改造外在环境并塑造自身的过程。由此，将人这个最具能动性的产物锁定为主体的必要前提。主体并非先天地具有世界精神的神力，相反它往往采取一种屈从的态度，先在地接受环境，再改造环境。城市主体在对商品景观的屈从中发现自身，确证自身，本质上经由弱小变为强大的发展过程。当然，个人与作为主体的地位并不是充要条件，也不是所有的个人都能内在地充当主体。只有从事实践活动，改造自身和外在环境的个人才能具有相应的主体地位。

另一方面，主体通过拒斥这种令人烦恼的资本意识而与之相区别并从中分离出来，烦恼的欲望为主体力量的生长提供了外在动力。最终主体在对抗这种欲望过程中确证了自身力量。城市作为人的改造空间的人造产物，某种程度上代表了人的主体力量，城市边际的扩大确证了人不断增长的可能性。

　　城市精神是这种主体力量的外在表达，如何表达这种精神本质上是人认识自身、认识外在环境以及人与外在环境互动关系的确证。建筑样式、地点的命名、大众传媒、胶片城市等无一不是人们如何理解城市乃至理解自身的具象表达。在这个过程当中，城市本身的气韵品质也显现了出来，最终镶嵌在具体的历史环境和特定的历史环境当中。城市主体也不再受制于人们对荒野和乡村的单一态度，独立成为一种新的不同于国家的城市意识形态。

第四章

城市主体之微观维度分析

第一节 建筑本质的存在规定

熟悉都市的人会发现：人们常常用"钢筋水泥""高楼林立""铜墙铁壁"等词汇来指代都市。建筑作为都市的组成元素占据了都市的本质规定性，塑造了人们对都市的印象，即都市是人在特定情况下改造空间并于建筑中安置自身存在本质的活动集合。换言之，都市中的人总是建筑中的人。然而，寄居于都市中的人却时常坠入"无家可归"的状态，这不得不使人们反思以往对于建筑的理解。比如，城市学和建筑学家们大都在"物"的意义上理解建筑，他们对比例、尺度、角度等近乎苛刻的追求让崇尚人的哲学家们望而却步，这导致了建筑与人的本质关系未能在哲学层面上体现出来。关于建筑，一系列疑问亟待解决：难道建筑只是罩在人们头顶的巨大的容器吗？建筑与人处于何种关系？毕竟，在何种意义上理解建筑关乎人在都市中的栖居问题。本书从人的存在出发，重新推定建筑的存在规定，有助于澄清人与建筑的栖居关系及建筑本真的家园含义。

一、对作为抽象尺度建筑物批判的若干意见

芒福德在《城市发展史》中表示：城市产生于社会权力的向内聚合（Implosion）[①]过程。这一观点在广为流传的同时也受到了诸多批评，例如，有人认为芒福德将城市视为一种聚居形态并不足以描述城市，城市本身是一个"充满矛盾的复杂领域"[②]，对于城市的理解应当从微观视角出发。这无疑指出了芒福德对城市理解过于宏观的特点，当然，对于宏观的城市史论来说，上述指责或许显得过于苛刻了。但无疑为我们提示了另外一条理解城市的道路：以建筑为代表的城市微观研究路向。

建筑作为城市研究的重要对象，引起了城市学家们的兴趣。他们对建筑的重视程度影响了人们对城市的解读，而这来源于他们对空间的结构性理解。凯文·林奇在《城市意象》中表示："城市如同建筑，是一种空间的结构，只是尺度更巨大，需要用更长的时间过程去感知"[③]，凯文·林奇对城市的空间化理解离不开人们对于建筑的直观印象。在建筑师眼里，"城市是众多建造者由于不同原因不断建设改造的产物"[④]。而城市的组成元素——建筑，本身则被视为一组结构化了的空间产物。在此意义上，芦原义信提出了建筑的含义："所谓建筑，通常是指包含由屋顶和外墙从自然中划分出来的内部空间的实体。"[⑤] 这意味着建筑以实体的形式蕴含着城市主体设定秩序、结构、改造空间的实践活动。

[①] 刘易斯·芒福德. 城市发展史——起源、演变和前景 [M]. 宋俊岭, 倪文彦, 译. 北京：中国建筑工业出版社, 2005：37.
[②] 凯文·林奇. 城市形态 [M]. 林庆怡, 陈朝晖, 邓华, 译. 北京：华夏出版社, 2001：27.
[③] 凯文·林奇. 城市意象 [M]. 方益萍, 何晓军, 译. 北京：华夏出版社, 2001：1.
[④] 凯文·林奇. 城市意象 [M]. 方益萍, 何晓军, 译. 北京：华夏出版社, 2001：1.
[⑤] 芦原义信. 街道的美学 [M]. 尹培桐, 译. 武汉：华中理工大学出版社, 1989：1.

在此过程中，空间以建筑的形式从自然中分割出来，被人改造为结构化了的功能性产物。

城市学家们之所以将建筑视为结构化产物，其原因不仅在于建筑组成了城市分区的标志物，城市规划师们依据建筑的分隔作用将城市结构化，形成了外部城市的机构，更在于建筑本身内含的结构性特征，它结构化了城市的同时也结构化了自己。柯布西耶据此向建筑师们提出了"三条备忘"。其中，"体块"作用于人们的感官，是使之能够感知和量度的因素，"表面"是体块的外套，消除或者丰富人们对体块的感觉；"平面是体块和表面的生成元"[1]，决定"体块"和"表面"。这些基本要素最终使建筑表现出自身的形式。与之类似的还有比例、边界、体积等来自建筑的结构化名称，而这些名称反过来形成了人们对城市整体的单一印象。举例来说，雅各布森在《美国大城市的死与生》中就将街道视为城市的首要因素，甚至能够决定人们对城市的第一印象："街道有生气，城市也就有生气，街道沉闷，城市也就沉闷。"[2] 建筑的结构性特征同样被征引到对城市意象的理解当中，凯文·林奇将城市意象划分为5种元素：道路、边界、区域、节点和标志物。吊诡的是，尽管人们可以从诸多类似于街道、广场、桥等基本元素中透视城市，但我们仍然很难下定义说它们便是城市，建筑不是城市，它们只能以其特有的身份分割城市以及塑造我们对城市的片段化理解。不得不说，在城市规划学意义上谈论城市的时候，除了建筑，人们一无所知。在这方面，柯布西耶也不得不感叹道："建筑的抽象性具有如此独特又如此辉煌的能

---

[1] 勒·柯布西耶. 走向新建筑[M]. 陈志华，译. 西安：陕西师范大学出版社，2004：15.

[2] 简·雅各布森. 美国大城市的死与生[M]. 金衡山，译. 南京：译林出版社，2005：23.

力,以致假如它扎根在俗物之中,它能把俗物精神化。"① 至此,人们对建筑的结构化影响使城市也一并成为被批评的对象。

通过以上分析,城市学家们对建筑本身的结构性分析在哲学意义上并不够讨喜,这也就引出了哲学家对建筑的相关批评意见。哲学家们批判建筑结构设计中所体现的物的抽象本质及其对人的主体性侵袭现象。列斐伏尔对此表述得已经十分透彻了,一方面,他在《日常生活批判》中盛赞贝壳的精美结构——"对称、直线、弯曲、纹理和褶皱、叶状或螺旋状、锯齿状等"。另一方面,他也仅仅将其视为"一个作品和一个'产品'"②而已。他指责现在的结构主义过于强调结构概念,从而"忽视了结构所包含的能够灭亡的所有事物"③。"尽管结构主义极力避免走向反面,但是,纯粹的结构主义还是脱离历史性和具有多样性的社会现实。"④ 在列斐伏尔看来,在建筑的实体形式出现之前,"模型"就已经先在了。它是"一个科学概念,一个抽象的层次",人们"对'模型'概念的顶礼膜拜是技术官僚群体战略的一部分"⑤。毫无疑问,模型是人们思维的抽象产物,对于人来说,当人们探索复杂事物和偶然性事件时,思维即表现出一种模块式的结构主义方法,使一切偶然性事件都变成了可编程的命题,与此同时,这一结构思维具体化为可重复应用的"模型"。当然,列斐伏尔的"模型"概念具有指向性,它包含着人

---

① 勒·柯布西耶.走向新建筑[M].陈志华,译.西安:陕西师范大学出版社,2004:23.
② 亨利·列斐伏尔.日常生活批判:第2卷[M].叶齐茂,倪晓辉,译.北京:社会科学文献出版社,2018:375.
③ 亨利·列斐伏尔.日常生活批判:第2卷[M].叶齐茂,倪晓辉,译.北京:社会科学文献出版社,2018:374.
④ 亨利·列斐伏尔.日常生活批判:第2卷[M].叶齐茂,倪晓辉,译.北京:社会科学文献出版社,2018:389.
⑤ 亨利·列斐伏尔.日常生活批判:第2卷[M].叶齐茂,倪晓辉,译.北京:社会科学文献出版社,2018:390.

的对象性行动，而这一行动被称之为"制作"。"制作把社会实践还原为个人对相对易于改变或坚硬的材料所做的工匠式操作"①，在这一操作过程中，工匠、建筑师发现了自身。海德格尔也注意到制造行为，不过他是从相反的方面强调的，"筑造"（Buan，Bhu，Beo）绝不是"制造"（Herstellen）②！

事实上，无论是"制造"还是"筑造"都与实践概念相去甚远。在这个意义上，列斐伏尔表示："制造的概念比生产的观念更狭窄、更模糊、更呈现出精确的假象、更模棱两可"，乃至于"不足以包含实践的概念"③。从对"制作"概念的分析中，可以看出来，列斐伏尔回归马克思的意图是十分明显的。在他看来，"制作"行为背后的"盎格鲁-撒克逊的经验主义和实用主义显出它们缺乏哲学传统"，"它们甚至玷污了马克思主义思想"④。在马克思那里，建筑的制造行为，只出现在动物的生产活动当中，他在人与动物的对比关系意义上表示动物也会为自己营建巢穴。当然，这种动物的生产是片面的，"只是在直接的肉体需要的支配下生产"。马克思并非不在乎基本本能的动物式的筑造行为。因为与实践相比，筑造仍然显得粗陋，毕竟连蚂蚁和蜜蜂也能凭借本能造出令人羡慕的窝巢。

由此可以看出，列斐伏尔在空间领域沿袭了马克思批判抽象成为统治的思路，批判抽象对人的主体性的侵袭，所不同的是列斐伏尔从人改造空间的产物——住宅这一对象入手。他严厉批判柯布西耶等建筑学

---

① 亨利·列斐伏尔.日常生活批判：第2卷［M］.叶齐茂，倪晓辉，译.北京：社会科学文献出版社，2018：435.
② 海德格尔.海德格尔选集［M］.孙周兴选编，上海：上海三联书店，1996：1190.
③ 亨利·列斐伏尔.日常生活批判：第2卷［M］.叶齐茂，倪晓辉，译.北京：社会科学文献出版社，2018：435.
④ 亨利·列斐伏尔.日常生活批判：第2卷［M］.叶齐茂，倪晓辉，译.北京：社会科学文献出版社，2018：437.

家，怜悯他们的"不幸与背运"，在现代性的巨大光环之下，生产出"同质化—碎片化—等级化"逻辑，作为一个虚假整体，借此制造出"贫民区、单位、琳琅满目、密如蛛网的独立式住宅（Groupes Pavillonnaires），还有那些与周围环境以及市中心了无瓜葛的虚假规划（Pseudo-Ensembles）"①。好似建筑师画了一张图，就会将某个空间固定下来，城市规划师做了规划，城市空间就可以实现了。所有的这些权力的、规划的、知识性的空间都被列斐伏尔一并看作维系资本主义秩序的必要对象，而这无论如何是与人无关的。

　　这种人与空间的紧张关系早在恩格斯那里就已经生根发芽了。在大工业生产时代，住房短缺作为大工业生产的急性病，大量工人涌入城市导致房租提高、住房拥挤且难以找到容身之地②的难题。这一问题作为资产阶级的病症之一，不过是现代资本主义生产所造成的无数小的、次生的祸害之一。恩格斯与马克思一样，他同样希冀借助这一难题，无产阶级能够真正地走上历史舞台，而这一枷锁是必要的，因为它为打碎它的人提供了质料。按照马克思的异化逻辑，关于建筑的抽象批判也是说得通的，毕竟"建筑"本身也是一种物。住宅作为一种人造物，其抽象本性对人的主体性的包裹，难道不就是这一问题的实质吗？

　　由此，我们多多少少能够看出哲学家们对建筑、住宅、物的批评态度。建筑设计方案的抽象性（结构性）、筑造过程的精确性乃至建筑物对人的束缚性，无一不成为人的主体性桎梏。建筑学意义上越是张扬的"建筑之美"，在哲学意义上都通通成了人的"住宅之恶"。建筑在何种程度上张扬"物"性，建筑就在何种程度上缺少"人"性。这一思路

---

① 张一兵.社会批判理论纪事：第1辑[M].北京：中央编译出版社，2006：176-187.
② 马克思，恩格斯.马克思恩格斯文集：第3卷[M].北京：人民出版社，2009：250.

某种程度上也成了批评城市的流行思路。毕竟除了建筑，人们对城市一无所知。然而，我们不禁要问，真的是这样吗？这一思路对于我们解决城市住房问题真的有所裨益吗？这还有待进一步讨论。

二、建筑蕴含的人与空间关系的三重规定

从上述梳理对建筑设计过程中的结构主义理解以及抽象尺度批判路径，我们发现：人与空间的关系在"物"的维度上被理解，而真正的与人的交互关系被掩盖。借助对建筑的本质的存在规定，人与空间的切近关系进一步显现出来。具体来说：第一，人通过实践意义上的筑造行为改造空间，形成建筑。第二，建筑作为人改造空间的实践产物，反过来，对寓居于其中的人起到保养作用。第三，人通过居住行为，建筑被赋予了记忆与情感。

（一）本质规定Ⅰ：筑造蕴含的实践规定

关于实践理解的形而上学理路几乎贯穿了古代到近代，直到马克思那里才有了实践理解的翻转。因此，鉴于对实践问题的不同理解，我们从实践行为这一路径论述建筑显得尤为艰难。

但我们依然无法否认：建筑作为人改造空间的产物，本质上是一种实践行为。但这种实践方式往往被理解为"制作""创制"等低级行为，与真正的实践毫无关系。譬如，亚里士多德就表示："实践不是一种制作，制作也不是一种实践。"[①] 这意味着，关于建筑的制作行为（为了方便，我们将其称为"筑造"）仅仅是一门技艺，而"学习一种技艺就是学习使一种可以存在也可以不存在的事物的生成的方法"[②]。这种事物的生成过程与人的筑造行为极为相像。所以，无论亚里士多德

---

① 亚里士多德. 尼各马可伦理学[M]. 廖申白, 译. 北京：商务印书馆，2003：171.
② 亚里士多德. 尼各马可伦理学[M]. 廖申白, 译. 北京：商务印书馆，2003：171.

"制作"一词的外延有多大，建筑及其筑造必定是内含其中的，有学者据此推测道："实践，特别是创制，则是次级的活动。"①

在《资本论》中，人们能够看出马克思与亚里士多德的切近关系。姑且不论马克思在何种程度上受到亚里士多德关于"制作"过程这一论述的影响，他参考曼德维尔的小册子《蜜蜂的寓言》并且以蜜蜂的筑造行为来帮助理解劳动过程的尝试，就足以表明他对筑造行为的重视程度。马克思认为，筑造是一种有目的、有意识的生命活动。在筑造过程中，"人使自己的生命活动本身变成自己的意志和意识的对象"②。大卫·哈维在赞同的意义上评论道："参与社会劳动过程的每一个人不管怎么说都更像建筑师而不是像蜜蜂"③，人在进行筑造活动之前，它头脑中就已经建成了。大卫·哈维在此基础之上，进一步道出了马克思要说却还未明说的话："'从事建筑'就是一个嵌入的、时空的实践"④，而这直指了人改造空间活动的筑造行为的实践规定性。

如果从分工的角度来看，蜜蜂和建筑师体现了实践过程的两个重要过程，而这恰恰揭示了筑造实践规定的两方面。马克思意义上的人的实践活动离不开人的思维的自由自主活动，建筑师即是在这个意义上胜于蜜蜂的。难道筑造不需要事先的规划吗？以建筑师为代表的规划行为，体现了筑造实践规定的第一方面：理论实践。这一理论实践不仅仅是对于外在空间的预先规划，而是对于人类思维的内在设计，譬如，希腊人就定义了美与比例的关系，这一理论获得了无限扩张建筑的手段，确保了欧洲文明的中心原理，奠定了建筑塑造文明的基础。在建筑学上，这

---

① 王南湜.马克思哲学在何种意义上是一种实践哲学？[J].马克思主义与现实，2007（1）.
② 马克思，恩格斯.马克思恩格斯文集：第1卷[M].北京：人民出版社，2009：162.
③ 大卫·哈维.希望的空间[M].胡大平，译.南京：南京大学出版社，2006：197.
④ 大卫·哈维.希望的空间[M].胡大平，译.南京：南京大学出版社，2006：200.

一理论实践有个新的名称叫"秩序",特别是一种"空间秩序","建筑师通过使一些形式有变化,实现了一种秩序,这秩序是他的精神的纯创造"[1]。只有在"建筑师"式的理论实践前提之下,蜜蜂式的筑造行为才得以实现。这进一步提示了筑造实践规定的第二方面:现实实践。尽管,柯布西耶在形而上学的层面,过于强调建筑的"协律"以及"纯粹精神创作"[2]的身份,然而,他并没有忘记筑造行为的实体承载物——建筑,甚至认为城市"也是众多建造者由于不同原因不断建设改造的产物"[3]。在这个建筑成为实体的实践过程当中,人的生命力蕴含其中。即便与建筑师相比,作为体力劳动者的建筑工人,对建筑并没有整体、全面的印象,但不可否认,它仍然以重复性的劳动过程凝结了人的生命,以及据此行为所产生的耗费过程。

由此,筑造行为的实践规定显现出来了,它既不是亚里士多德理论实践,也不是马克思式的生产劳动实践,相反,它在二者的基础之上,甚至还涉及一些审美高度的实践概念[4]。所以,我们姑且只能在人的生命力的外显过程中理解筑造活动,总体地将其视为基于人的实践活动,实践这个外延本身的丰富内涵则不断地为人的筑造行为增加规定。

(二)本质规定Ⅱ:栖居蕴含的保养规定

实践规定下的建筑借助人与空间的筑造的行为实现了自身的客观持存,而筑造行为本质上依然是人的有目的的实践活动。从这一目的性出发,可以推论出建筑的第二重规定:栖居行为所提示的建筑物对自身及

---

[1] 勒·柯布西耶.走向新建筑[M].陈志华,译.西安:陕西师范大学出版社,2004:12.
[2] 勒·柯布西耶.走向新建筑[M].陈志华,译.西安:陕西师范大学出版社,2004:17.
[3] 凯文·林奇.城市意象[M].方益萍,何晓军,译.北京:华夏出版社,2001:1.
[4] 王南湜.马克思哲学在何种意义上是一种实践哲学?[J].马克思主义与现实,2007(1).

其对人的保养规定。

何谓栖居？面对20世纪50年代的虚无主义浪潮，海德格尔从存在论意义上寄予了城市建筑诗意栖居的无限向往。在海德格尔看来，栖居具有多重指称。一方面，"筑造原始地意味着栖居"，"筑造"一词"同时道出了栖居的本质所及的范围"——思的言说之处。另一方面，依据筑造的含义，海德格尔进一步道明了栖居主体的人设，即筑造行为的主体——人及人的存在方式。海德格尔是从语言学角度论证的，筑造即Buan, Bhu, Beo，也就是德语中的"是"（Bin），含有Bin的意思即是"我们人据以在大地上存在的方式"①，这意味着终有一死者在大地上居住。与此同时，它也意味着"爱护和包养，诸如耕田种地，养殖葡萄"②。最终剥离了栖居的双重指称，我们看到了栖居的本质规定："作为保养的筑造（拉丁语的Colere, Cultura）和作为建筑物的建立的筑造（拉丁语的Aedificare）——这两种筑造方式包含在真正的筑造即栖居中。"③

尽管，海德格尔在不同的场合呼唤了"返乡"和家园的意义，并且试图"从存在之被遗忘的状态的经验来命名'家乡之本质'"④。但他的栖居绝不仅仅寓居在狭义上的居所之上，其视野是广阔的。"筑造以栖居为目标，并非所有的建筑物都是居所。"⑤譬如，桥梁、候机室、体育场、发电厂、火车站和高速公路，它们是建筑物，但不是居所。那么，海德格尔是在什么意义上拓展了栖居的范围呢？海德格尔眼里的栖居首先是一种行为方式，居住行为仅仅是众多存在行为当中的一种，

---

① 海德格尔. 海德格尔选集[M]. 孙周兴选编, 上海：上海三联书店, 1996：1190.
② 海德格尔. 海德格尔选集[M]. 孙周兴选编, 上海：上海三联书店, 1996：1190.
③ 海德格尔. 海德格尔选集[M]. 孙周兴选编, 上海：上海三联书店, 1996：1191.
④ 海德格尔. 路标[M]. 孙周兴, 译. 北京：商务印书馆, 2000：398.
⑤ 海德格尔. 海德格尔选集[M]. 孙周兴选编, 上海：上海三联书店, 1996：1188.

136

"人们还从事职业活动，我们经商，旅行，在途中居住，一会儿在此地，一会儿在彼地"①。这些行为的共同之处就在于对人的存在行为的保护。栖居的基本特征就是这种保护，它贯穿栖居的整个范围。而这一功用必然依靠建筑物亦由其组成的城市来完成，因为它们的核心要义就是保护与安全。

显然，建筑能够实现上述对人的保养规定，这一理解方式要求以更为微观的方式看待建筑。海德格尔从建筑的微观意义入手，将建筑视为"作为位置而提供一个场所的那些物"②，建筑对诸空间起到了创设和结合作用。建筑物作为位置而存在，且能为人的逗留提供住所，进而实现庇护作用，即"建筑物保护着四重整体——拯救大地、接受天空。期待诸神，伴送终有一死者"③，这是建筑物所能给予栖居的朴素本质。仅仅作为"位置"的建筑物，只能满足海德格尔存在意义上的栖居。这距离大众所持有的建筑物的普遍印象有一定距离。芦原义信的观点更接近大众意义上的建筑特征，他认为"所谓建筑也就是创造边界，区分'内部'与'外部'的技术"④，由此划出的内部空间，能够为人们提供目的性的生活场所。建筑本身的区分内外部空间的边界含义进一步明晰它对人的保护含义，通过划定人与空间的边界，实现了对人的保护作用，也正是在同样的意义上，建筑对自然的破坏意义也并肩诞生了，"什么东西摧毁着自然，原来是建筑"⑤，所有的建筑学家都背负着同样对自然的矛盾情感。

所以，建筑作为人筑造行为的生长物同时培育和保护了人。荷尔德

---

① 海德格尔. 海德格尔选集 [M]. 孙周兴选编, 上海: 上海三联书店, 1996: 1190.
② 海德格尔. 海德格尔选集 [M]. 孙周兴选编, 上海: 上海三联书店, 1996: 1197.
③ 海德格尔. 海德格尔选集 [M]. 孙周兴选编, 上海: 上海三联书店, 1996: 1201.
④ 芦原义信. 街道的美学 [M]. 尹培桐, 译. 武汉: 华中理工大学出版社, 1989: 2.
⑤ 隈研吾. 新建筑入门 [M]. 范一琦, 译. 北京: 中信出版社, 2011: 159.

林的"诗意地栖居"乃是栖居在大地上,又怎能做想象领域的浅薄理解?毕竟,在海德格尔看来,"每个终有一死者都知道自己委身于大地"①,以此澄明了栖居的物质承载者——建筑的本质规定。

(三)本质规定Ⅲ:记忆与情感规定

人们对空间的困惑早已有之,连亚里士多德也慨叹空间是某种难以捉摸的东西,海德格尔则追问空间究竟以何种方式存在?面对空间,惯常的追问始因的努力已经失效,仿佛空间的背后已经没有什么东西可以用来解释它了。空间并非缺乏,它必定以其自身的特性显示自身。这种理解对于常人来说是极为困难的,正如人们印象中的建筑就仅仅是砖瓦的聚合物一样。其背后的原因在于人们关于物理空间基始地位的固有印象:"物理技术的空间被视为任何对空间因素的标画都要先行遵循的空间。"② 而海德格尔则将这种显现视为一种产生(Hervorbringen)。譬如,"倒空杯子意味着把杯子这个容器聚集入它的空出状态中","把采来的果子腾入篮子里意味着为果子提供这个位置"③。在他看来,纯粹的"空"不存在,"空间不是一个被抽象、被纯化的虚空"④。相反,空间只不过是为栖居提供了地方(Ortschaft),空间本身意味着诸位置之开放⑤。当然,海德格尔的这一理解太容易被忽略了。尤其是当我们谈到空间化的具象产物——建筑的时候,似乎建筑只是建筑,是全然与人无关的地方。就建筑的产生与发展过程来说,它承载了人的一生,这引发了建筑的第三个本质规定:记忆与情感规定。

具体来说,这种记忆与情感的赋予是筑造与保养的第三个阶段,通

---

① 海德格尔. 海德格尔选集[M]. 孙周兴选编, 上海: 上海三联书店, 1996: 468.
② 海德格尔. 海德格尔选集[M]. 孙周兴选编, 上海: 上海三联书店, 1996: 484.
③ 海德格尔. 海德格尔选集[M]. 孙周兴选编, 上海: 上海三联书店, 1996: 487.
④ 孙周兴. 作品·存在·空间海德格尔与建筑现象学[J]. 时代建筑, 2008(6).
⑤ 海德格尔. 海德格尔选集[M]. 孙周兴选编, 上海: 上海三联书店, 1996: 484.

过人与建筑的实践行动以及建筑对人的保养过程，建筑被赋予了人的意义与感觉，是人与空间更为深层次的交流，进而使空间中的建筑物变得独一无二，人的本质在此过程中绽放出来。

这也就能理解为什么列维纳斯格外强调"居住"了，某种程度上，列维纳斯并不认同海德格尔的存在者定向，也不认同居住仅仅是发现某个位置的定位。相反，他认为："居住正是维持我的方式"①，"在其中'我'在家园中重新聚集"②。事实上，建筑包含多种指称，而人们却尤其对那个作为居所的家园感兴趣，因为只有那个作为家的地方才是与"我"有关的，能够承载"我"的生命活动居所。在这个意义上，居所确定了我在世界中的"在家"状态，否则，我与世界（空间）将变得疏离。人们在筑造的过程中面对空间，受空间庇护，乃至最终地占有空间，使空间变为我的所属物。即便没有这一过程，建筑也从来都不是与人无关的纯客观物，从其产生之初就承载了人的本质。正如海德格尔所说："我们始终是穿行于诸空间的"③，人们通过不断地于位置的逗留而经受着空间，人的身体在此，便表明了人已经先在地承受空间了。更何况，人通过筑造和居住等行为赋予记忆与情感的内在规定了。

正如人们研究自身的时候从来不会从其生命组成物——蛋白质入手一样，人们在考量自身存在寓居物——建筑的时候，也不应当以一种与人格格不入的尺度来评判。特别当人们以物的标准来评判居所的时候，就显得十分荒谬。难道人们可以通过鱼儿能在岸上活多久来评判鱼儿的本质和能力？即使建筑在表面上常常显得冰冷，但就其产生（筑造）、

---

① LEVINAS E. Totality and Infinity：An Essay on Exteriority［M］. The Hague：Martinus Nijhoff Publishers，1979：37.
② LEVINAS E. Totality and Infinity：An Essay on Exteriority［M］. The Hague：Martinus Nijhoff Publishers，1979：156.
③ 海德格尔. 海德格尔选集［M］. 孙周兴选编，上海：上海三联书店，1996：1200.

发展（保养）与结果（记忆与情感）过程来说，均蕴含了与人相关的诸种规定。所以，房子的评判尺度也应当是与人相关的居住，而不是他物（货币、资本等），在这个意义上，"房子是用来住的，而不是炒的"便容易理解了。

三、走向家园：共同意义上的家园重建

我们的思路是显而易见的：通过对建筑的重新规定，建筑已然超越了抽象"物"的属性，它在与人的交互中走向家园。然而，现实的情况是：难道重新提起建筑与人的相关性就能得出建筑走向家园的必然性吗？要回答此问题，我们认为还须进一步研究：建筑成为家园意味着什么？但凡与人相关的就必然形成家园吗？换句话说，家园在哪些方面呼应建筑？

作为一个反向思考的典范，建筑与家园的充要条件首先体现为共同意义。建筑为家园提供了契机，将人的精神的、感觉的和记忆的诸种状态凝聚在其疆界之内，而宇宙在其中呈现。利奥塔将"共同的时间、共同的意义、共同的地点"[1] 指认为房舍（Domus）的意义，将其看作"共同的作品"也即"共同体本身"[2]。家园在更宽泛的意义上脱去了家的狭隘意义。独木难成林，一屋难避雨。家园作为一种共同的活动，蕴含着共同的实践目的。而这一共同目的却常常被忽视。譬如，没有人将守卫自己的屋舍视为义务之外之事，甚至连看门狗都不会弄混自己的守护对象。然而，"爱护我们的家园"却成为一个不断被召唤却又不断被隐没的字眼，家园的遗忘状态以相反的形式呈现了出来。

---

[1] 让-弗朗索瓦·利奥塔. 非人——时间漫谈 [M]. 罗国祥, 译. 北京：商务印书馆, 2000：207.

[2] 让-弗朗索瓦·利奥塔. 非人——时间漫谈 [M]. 罗国祥, 译. 北京：商务印书馆, 2000：209.

第四章 城市主体之微观维度分析

家园共同意义的遗忘与建筑的冰冷外表有一定关系。对于建筑来说，边界（墙）是极为重要的，由此区隔出来了内外空间，但这也带来客体作为异物的侵入感。建筑学上为了削弱墙面带来的抵触感觉，设置了窗户，"窗户并不只是区分内外部的建筑工具，它是主体窥视对象的孔，同时它也具有双面性（可逆）"[1]。只不过现代都市中，这一交互的孔洞越来越小，它被形象地称为"猫眼"。都市人借助防盗门上的单向孔，以获得安全感和隐私感，与此同时，他也将自己从共同体生活中隔离出来。所以，都市悖论经常体现为这种情况：人们一方面将自己包裹在密不透风的建筑物中体会孤独，另一方面又不断号召家园的共同生活。柯布西耶具体地将这一悖论描述为"我们的住宅使我们厌烦，我们逃出住宅，经常光顾咖啡馆和舞厅；不然就忧郁地、蜷缩着身子聚集在家里，像一些愁闷倒霉的动物，我们心情沮丧"[2]。这也从另一个侧面解释了城市中街道、广场、剧场等公共场所的重要性。本质上，人是社会性动物，即使他们走入城市，从群居生活中分隔出来，但他们依然向往共同意义。

这种共同意义，我们赋之为家园。其物质载体表现为：建筑本身能够被赋予精神意义，黑格尔就将这一内在的精神性意义视为建筑物的独立象征，甚至"这种意义在建筑之外本来就已获得自由的存在了"[3]。换句话说，建筑应当为这种精神性的东西服务，"这种精神性的东西成了建筑的真正意义和确定的目的"[4]。我们面临的困境是，即便家园的共同意义已经显现于此，它却仍然不断地被遗忘，又不断地被寻找。这

---

[1] 隈研吾. 新建筑入门 [M]. 范一琦, 译. 北京：中信出版社, 2011：159.
[2] 勒·柯布西耶. 走向新建筑 [M]. 陈志华, 译. 西安：陕西师范大学出版社, 2004：13.
[3] 黑格尔. 美学：第三卷（上）[M]. 朱光潜, 译. 北京：商务印书馆, 1981：62.
[4] 黑格尔. 美学：第三卷（上）[M]. 朱光潜, 译. 北京：商务印书馆, 1981：62.

类似于海德格尔言说未尽的"栖居的真正困境"。真正的栖居困境并不在于住房匮乏，而是"终有一死者总是重新去寻找栖居的本质"①。这与现代都市人的矛盾境况不谋而合，面对充满现代性的都市生活，人们陷入了"惶恐和向往、进步与倒退、激进与保守、激情与失望、理想与现实"②等矛盾体验当中。譬如，他们寓居在家园，却总是不断地寻找家园，他们无时无刻不在寻觅，甚至将建筑简化为冰冷的砖墙，将城市妖魔化为囚禁的牢笼，以此达到"生活在别处"的追求。然而，真正的事实却恰恰相反。或许，只有当人们停下寻找的脚步并据此回归建筑的家园意义时，人们才能真正地学会栖居。

除此之外，建筑与家园的充要条件还表现为建筑的持存性与人的历史性相重合的情况。家园本身是一个历史性的概念，其组成物——房舍，无论始建时是大是小，是高是矮，它都弥漫在一种历史性的记忆当中，像一幅重复性的家庭作品不断地赋予建筑家园的含义。这正如利奥塔所说："历史就是正在给房舍带来荣誉的语言"，而房舍是人类历史性的缩影。它建成、它装饰、它将言说、它将叙述、它将结束叙述、它将会被叙述、它将会曾经被叙述。在时间序列中，人所寓居的房舍甚至比人更为久远，"建筑成了时代的镜子"③，折射出人生百态。

今天，建筑的物属性尤其表现为建筑的资本化。大容量、高密度、高附加值是建筑的唯一要求。其功用性体现在方方面面，建筑是工作的地方、是睡觉的地方、是聚会的地方，却唯独不是人的栖居之地。对住房经济属性的过分强调，使房子变成"炒"的，而不是住的。大都市

---

① 海德格尔. 海德格尔选集［M］. 孙周兴选编，上海：上海三联书店，1996：484-1204.

② 让-弗朗索瓦·利奥塔. 非人——时间漫谈［M］. 罗国祥，译. 北京：商务印书馆，2000：4.

③ 勒·柯布西耶. 走向新建筑［M］. 陈志华，译. 西安：陕西师范大学出版社，2004：1.

里的墙、门、隔断、猫眼将空间隔成一块一块精美的的蜂房,它隐藏秘密的同时变成了强烈经济属性的个人所有物,而个人所有物神圣不容侵犯。建筑不过是一个临时的床铺,一个随时可出让的外壳,一系列房产中介商的数字,它与人毫无关系。具有鼻祖意义的古希腊哲学教会了人们如何在强调心灵的同时蔑视手段,其潜在影响表现为人们向往心灵的家园的同时却批判实现家园的手段——建筑。全然忽略了人们以身体经历着空间的本然状态。人们在不断地挣脱、出让具有保养、记忆与情感规定的躯壳(建筑)的过程中,最终成了失去盔甲的蜗牛,充满了软肋。

因此,问题的要义不仅仅是在供求关系上解决问题。毕竟,在发展的大背景下,城市化之路"实质上就是空间扩张和资本积累、增值的过程"[1],即便稀释了房子的"物"属性,依然改变不了被买卖的命运。资本的扩张属性不会终止,它以其无限性超越着地域的有限性,城市不断地升级与更新现象以及农村的空巢化危机就是潜在的后果,这些恶果正在或即将被经历。所以,哲学层面上的担心体现为:若不回归建筑的真实属性,就无法达到都市中的栖居状态。恐怕,只有超越对建筑的"物"属性理解,才能重建家园,这一思维转换是人们摆脱房子这个莫比乌斯怪圈的根本方式。

第二节 街道蕴含的个体性与公共性

诚如前面所论述,建筑以基本元素的身份占据了都市的本质规定性,是人改造空间并安置自身存在本质的活动结果。但建筑并非纯粹的

---

[1] 吴宁. 列斐伏尔的城市空间社会学理论及其中国意义 [J]. 社会, 2008 (2).

"物",从人与空间的交互关系上看,建筑本身具有共同意义上的家园规定性。然而,建筑并非城市唯一的客体元素,街道同样在城市中发挥一定的功用。某种程度上,街道连接了建筑之外的人的公共活动范围,是城市中比肩建筑的重要组成元素。

一、历史上的"奥斯曼"改造计划

提起街道的历史,就不得不回顾那场著名的巴黎的街区改造。19世纪50到70年代,乔治·欧仁·奥斯曼和拿破仑三世携手规划了法国规模最大的都市改造事业——奥斯曼工程(又称巴黎改造工程)。该项工程拆除拥挤和脏乱的中世纪街区,修建宽敞的林荫大道、公园、广场、下水道以及向巴黎周边地区的拓展工程等,耗资巨大,这场轰轰烈烈的改造使巴黎成了现代都市的范本城市,影响深远。然而,在不同的学者看来,关于这场轰轰烈烈的街道改造的意义相去甚远。譬如,建筑学家们高度赞扬这种运动,他们将其视为巴黎人大胆心细的证据证一,"拿破仑时期,奥斯曼大刀阔斧,在巴黎奄奄一息的穷街陋巷之间开辟出笔直的街区"[1]。当然,这种表扬是基于机器时代的高效率来说的,特别是对于汽车,巴黎街道的发明与扩建的确值得汽车时代为拿破仑—奥斯曼树立一块纪念碑,以表扬他们的丰功伟绩。然而,于街道上的人来说,这项工程则明显有悖于柯布西耶《光辉城市》中的主旨"让每个个性实现个性解放"[2]。街道为汽车提供便利的同时使人们的生态系统受制于一种全新的速度体验,"我们的双腿(一种交替的运动)已经

---

[1] 勒·柯布西耶. 光辉城市 [M]. 金秋野,王又佳,译. 北京:中国建筑工业出版社,2011:98.
[2] 勒·柯布西耶. 光辉城市 [M]. 金秋野,王又佳,译. 北京:中国建筑工业出版社,2011:90.

被轮子取代了（一种持续的运动）"①。街道上高速行驶的车辆使得街道彻底摆脱了人的控制，转而变成了一个魔鬼，"只要一迈出家门，不管往哪个方向行进，都面临着死亡的威胁"②。所以，尽管柯布西耶热烈地赞颂街道带来的便捷的汽车时代，但他仍然表达了街道扩张所张扬的机器时代对个体性生命威胁的担忧。

与此同时，哲学家一如既往犀利地指出了奥斯曼改造的非人性质，"奥斯曼的改建工程在巴黎人看来是拿破仑帝国主义的一个纪念碑。这个城市的居民不再有家园感，而是开始意识到大都市的非人性质"③。这种非人性质表现为工人阶级和无产阶级极为恶劣的生存环境，这部分人从巴黎市中心的洞穴和地窖中被赶了出来，取而代之的是林荫大道和洁净公园。恩格斯作为奥斯曼的同时代人，曾悲愤地描述这项改造计划：

> 我所说的"欧斯曼计划"④，是指把工人区，特别是把我国大城市中心的工人区从中豁开的那种已经普遍实行起来的办法，而不论这是为了公共卫生或美化，还是市中心需要大商场，或是由于敷设铁路、修建街道等交通的需要。不论起因如何不同，结果总是一样：最不成样子的小街小巷没有了，资产阶级因为这种巨大成功而大肆自我吹嘘，但是，这种小街小巷立刻又在别处，并且往往就在

---

① 勒·柯布西耶. 光辉城市 [M]. 金秋野，王又佳，译. 北京：中国建筑工业出版社，2011：116.
② 勒·柯布西耶. 光辉城市 [M]. 金秋野，王又佳，译. 北京：中国建筑工业出版社，2011：117.
③ 瓦尔特·本雅明. 巴黎，19世纪的首都 [M]. 刘北成，译. 上海：上海人民出版社，2006：53.
④ "欧斯曼计划"等同"奥斯曼计划"，国内文本通常译为"奥斯曼"，仅《马克思恩格斯文集》译为"欧斯曼"。为了保证引用的准确性以及不生歧义，出自马克思、恩格斯文本的引用取"欧斯曼"，这里行文中则取"奥斯曼"。

紧临的地方出现。①

资产阶级解决住宅问题的方式只是迁移,不断地迁移。他们将工人从市中心排挤到郊区,进而剥夺其住房的权利,这导致了资产阶级"住房短缺"的急性病。事实上,这项城市街道改造的目的并不是改善工人的生存境况,他们只是拿破仑筑造丰功伟绩的一部分。尤其是当19世纪的巴黎工人运动如火如荼进行之时,拿破仑三世终于忍无可忍,他表示:"'不能再这样下去了,实在太危险了。我想把这些垃圾统统清理掉,把那些密不可破的堡垒分而治之,我希望笔直的街道将贫民窟切割开来,好让我的大炮能够发挥威力。然后我们再看看,他们还能发动什么所谓的革命。'"② 由此看来,奥斯曼计划中修建修长且笔直的街道不过是为了使凡尔赛军队无法进入的屏障,其目的在于捍卫帝国政权。然而,对于巴黎工人来说,境况则正好相反,奥斯曼所做的不是"为了给游手好闲者的巴黎腾出地盘而是把历史的巴黎夷为平地的那种汪达尔行为③!"④ 在马克思看来,这种强盗式的扩张行为于巴黎历史毫无益处,只是波拿巴政府利用这种趋势大行敲诈勒索、大发横财的幌子。奥斯曼的幽灵不仅漫步在法国,"也曾漫步伦敦、曼彻斯特和利物浦,而且在柏林和维也纳似乎也感到亲切如家乡"⑤。当然,马克思和

---

① 马克思,恩格斯. 马克思恩格斯文集:第3卷 [M]. 北京:人民出版社,2009:302.
② 勒·柯布西耶. 光辉城市 [M]. 金秋野,王又佳,译. 北京:中国建筑工业出版社,2011:116.
③ 汪达尔主义:指有强烈破坏欲望、无法控制自己破坏行为的人,可称作汪达尔主义者。
④ 马克思,恩格斯. 马克思恩格斯文集:第3卷 [M]. 北京:人民出版社,2009:177.
⑤ 马克思,恩格斯. 马克思恩格斯文集:第3卷 [M]. 北京:人民出版社,2009:252.

恩格斯是从政治和工人阶级的立场来评述这一历史事件的，本质上持有一种历史视角，他们清楚地看到了这一城市改造背后的推动力——资产阶级生产方式，所以最终的解决办法在于"消灭资本主义生产方式，由工人阶级自己占有全部生活资料和劳动资料"[1]。除此之外，任何改造的结果总是一样的，即带来溃烂的疾病发源地和极其恶劣的洞穴地窖、最不成样子的小巷不断地在别处显现，资产阶级病患只是被迁移，从来没有被根治。

由此，从马克思、恩格斯的论述中可知，除了战略目的之外，奥斯曼计划还"意在造成一个依赖于政府的特殊的波拿巴主义的建筑业无产阶级"[2]，借助改造计划大行剥削之实。那宽阔的街道只是奥斯曼改造计划的副产品，是"邪恶"资本主义阻挡工人运动手段和应当被清除的毒瘤。事实上，从奥斯曼计划的积极后世影响来看，他只不过是"工业时代的各种需要出发，把一个城市的规划当作大规模运输问题来解决"，其第一个延伸到人们视觉范围之内的结果就是宽而长的街道。当这种构想被城市规划学者们采用之后，所呈现的就是宽阔而漫无尽头的街道，两旁布满了整齐的集合住宅和树木，初具了今天林荫大道的雏形。

何谓林荫大道？1927年，美国的城市规划者将林荫大道下的定义为"一条宽敞的街道，其布局方式富于装饰，手法郑重，特别是道路中设有停车空间"[3]。"林荫大道通常标志着一个区域或邻里街区的边界，而非中心区，并且凭借其自身的声望，它们成为人们出行的目标所

---

[1] 马克思，恩格斯. 马克思恩格斯文集：第3卷［M］. 北京：人民出版社，2009：307.
[2] 马克思，恩格斯. 马克思恩格斯文集：第3卷［M］. 北京：人民出版社，2009：302.
[3] 阿兰·B. 雅各布斯. 伟大的街道［M］. 金秋野，王又佳，译. 北京：中国建筑工业出版社，2009：33.

在，甚至已经变成大家的主要目的地。"林荫大道通常贯穿城市，连接城市中重要的地点和市政厅、医院、街心公园等建筑物。其本身并非仅仅是一条宽敞的街道，通常来说，"林荫大道通过对宏伟庄严的气氛的强调，唤醒了对尺度和形式的追求"①。其结果就是林荫大道旁边的单体建筑越来越成为典范，建筑作为城市客体要素的一部分，实际上也成就了街道，它们共同组成了世界上"伟大的街道"。

二、"伟大的街道"：公共性与个体性的交织

何谓"伟大的街道"？柯布西耶表示最好的街道之所以被称为"伟大"，是指那些"在特征和品质方面都非常优秀"②的街道。人们反复地使用"好""伟大""优秀"等词语来描述街道，实际上并不能为其增加任何具体内涵。事实上，柯布西耶要表达的是一种主体视角，一种以人的良好评价为基底的街道，他在《伟大的街道》一书中的点滴叙述也佐证了这一推测。更直接地说，城市之所以存在，很大程度上离不开人的交往活动，街道即便不能说是唯一的，也会是非常主要的社交场所。

然而，现代主义之下，街道却成了最具现代性的代表。伯曼将19世纪80年代的奥斯曼模式誉为现代城市规划的典范。最为典型的代表——林荫大道"在最贫困的街区炸开了一个个大洞，使得穷人们能够穿过这些大洞，走出他们的被破坏了的街区，第一次发现自己所居住的城市的其余部分和别人的生活是什么样子"③。林荫大道将混杂在一

---

① 阿兰·B.雅各布斯.伟大的街道[M].金秋野，王又佳，译.北京：中国建筑工业出版社，2009：33.
② 阿兰·B.雅各布斯.伟大的街道[M].金秋野，王又佳，译.北京：中国建筑工业出版社，2009：2.
③ 马歇尔·伯曼.一切坚固的东西都烟消云散了——现代性体验[M].徐大建，张辑，译.北京：商务印书馆，2003：196.

起的贫困街区改造成了富丽堂皇的建筑，工人阶级像瘟疫一样被迁到郊区，形成了新的溃烂之地。伯曼将这种阶级分裂视为"现代城市中的表露开辟了现代自我内部的新的分裂"①。个人的快乐开始显现为阶级特权，林荫大道在展现新的私人生活和公共生活的界限的同时，成了阶级在城市生活的具象表现。现代主义通过建筑和林荫大道创造了一个充满现代感的、在"空间和社会上分割的世界"②，一个人与人、人与物、物与物都被隔离、规划的现代世界。某种意义上，无论是建筑还是街道，现代主义带来的最讽刺的悲剧性嘲弄是城市越现代（建筑和街道越现代），就越有助于摧毁现代主义原本希冀的自由都市生活。

除此之外，街道对速度的过分追求也使街道越发成为机器的领地，成为与人无关的领地。譬如，交通一直是街道最主要的用途之一，"奥斯曼计划"即是从工业时代的各种需要出发，将城市规划作为一个大型的运输问题来解决。然而，工业时代之前的街道只是人的街道，法国大革命时期，政府曾颁布法令，规定城市道路必须修建人行道，以限制在马路上横冲直撞的马车，这也是保证行人的第一条法令。随着轮子时代的来临，田园般的城市逐渐成了前机器时代的迷梦。在街道上，人们根据速度对道路进行分级，机械化的交通体系如高架桥、匝道繁多的立交桥以分流城市中的车辆。唯一肯定的是"在城市中，行人与车辆永远都不会彼此交叉"③，街道是维持城市运转的血管，车辆则是供应城市的血液。也正是在这个意义上，柯布西耶从对光辉城市的论述当中，发现了机器时代对个体人的浸染和侵袭，他误以为街道是导致这一切的

---

① 马歇尔·伯曼.一切坚固的东西都烟消云散了——现代性体验[M].徐大建，张辑，译.北京：商务印书馆，2003：196.
② 马歇尔·伯曼.一切坚固的东西都烟消云散了——现代性体验[M].徐大建，张辑，译.北京：商务印书馆，2003：216.
③ 勒·柯布西耶.光辉城市[M].金秋野，王又佳，译.北京：中国建筑工业出版社，2011：90.

根源，"我们必须消灭大街"的口号如此响亮和著名。然而，街道也不过是为现代城市规划的恶果背书而已。

事实上，在研究城市的诸多客体要素时，一直秉持的是城市中人的权利和需求。对于街道来说，我们更倾向于将街道视为人与环境交往关系的具象代表。具体分为以下三点：

第一，与建筑相比，街道展示了更为开放的交往可能。建筑为城市人提供了保存自身生命的家园，使人在一定程度上获得了安全感和私密感。然而，将个体与共同体以空间化思维类似为建筑和街道。实际上，与街道相比，建筑中的人实际上更为接近个体化的人，他们蜷缩在躯壳内，以保存自身。街道实际上为城市中的主体提供了由个体走向共同体的物质路径，主体走出个体建筑进入共同体生活的街道中，体现了主体自身的特性。进入街道的人实际上进入了一种平等的敞开环境中，这种平等并非"德国人所说的自我＝自我"[①]一般的同语反复，而是一种平等地进入公共环境中的权力。没有人可以阻止另一个人进入并走在街道上，自觉地成为街道一部分的尝试，即使是无处可栖的流浪汉亦能在街道的一隅找到容身之地，而并不用在意被驱赶。实际上，街道体现了人与物的互动交往关系，这种方式即体现为街道上发生的人与人的交往过程。

市民社会与城市社会不同，人与人的交往关系体现为利己式的交往，组成了市民社会中的孤独个体。在马克思那里，市民社会只是旧唯物主义的立足点，而新唯物主义的立足点则是人类社会或社会化的人类，国民经济学家眼中的人是孤立的、原子式的个人，只有当他产生需要的时候，才会同他人发生联系。市民社会转化为城市社会的必要性就

[①] 马克思, 恩格斯. 马克思恩格斯文集：第1卷[M]. 北京：人民出版社，2009：231.

体现在将市民社会极为强调的个体性转化为城市当中的共同性。二者强调了一个问题的不同方面。在传统的市民社会当中，人与人之间除了财产的分配与利用关系之外，没有其他的关系。"每个人都力图创造出一种支配他人的、异己的本质力量，以便从这里面获得他自己的利己需要的满足。"[①] 正如思想只能在思想层面上扬弃困境，而不能在现实层面发挥作用。个体与共同体的困境只有在城市社会当中才能找到现实存在的基础，在人们走上大街的交往过程中淋漓尽致地体现出来。

第二，街道是走向公共生活的可行性路径。在整个人类的定居历史中，街道往往都是城市中心和聚会的场所，比如，步行街的诱人之处在于"有机会目睹众生相，结识各种各样的人"[②]。这种市区街道进行的社会性活动在杨·盖尔看来只不过是浅层次的被动性接触，换句话说，人与人仅仅停留在空间接触当中，以相互照面的形式发生联系，成了街道上独特的社会交往方式。所以，与建筑对人的隐私和安全性的保障作用相比，街道彰显了人走向公共生活的可行性。

街道本质上是一种公共空间，城市中的人走上街道的活动，体现了人从事社会活动的公共性。正如上一部分建筑所证明的人与空间的紧密关系，街道展示了人的更为开放的交往可能。街道划分了城市中的私人空间与公共空间，几乎所有的人都不会将街道误以为是私人空间，所以，街道的复兴首先有利于解决个体与集体在空间上的相处关系。有学者称："街区制度一定程度上能够比较好地解决私人和公共空间的关系问题，建立新的城市公共空间，形成社会良好的运行条件。"[③] 这在学

[①] 马克思，恩格斯.马克思恩格斯文集：第1卷[M].北京：人民出版社，2009：223.
[②] 杨·盖尔.交往与空间[M].何人可，译.北京：中国建筑工业出版社，1992：20.
[③] 强乃社.空间辩证法视野中的封闭住宅小区及其问题[J].探索与争鸣，2016(11).

理层面指出了街道破解个体与公共关系的可能前景。

然而,随着城市功能主义的兴起,"街道和广场被认为是多余的,代之以公路、行人道和无际的草地"①。工业化的城市建设过程受到功能主义浪潮的影响。合乎功能的街道是好的街道,合乎功能的建筑就是好的建筑,合乎功能的城市就是好的城市,功能被当作了绝对信条。在这一浪潮之下,街道沦为出行行为和目的地中间手段,是汽车通行的途径和快速到达的代表,使汽车的速度、街道的效率和街道的拥挤程度日渐成为衡量城市街道是否功能健全的重要指标。与此同时,人们关乎城市和街道的理解也被简化为"城市=街区,现代性=行列式"② 这样清晰的数学恒等式。街区被认为是构成城市的基本要素和城市特征的集中体现,借助街区面临的困境,大致勾勒出现代城市的吊诡之处,即城市在现代建设之中对人的主体性的背离被街道规划淋漓尽致地体现了出来。

功能主义的街道建设代表了城市运行完美的秩序。柯布西耶用驴行之道和人行之道来论证街道作为人以秩序为实践的原则。简单来说,"人类沿直线行走是因为他有一个目标"③,人在运动之前就知道自己要去向哪里,而一旦决定了前往何处,就会径直地走向目的地。而"驴子曲折而行,思想散漫,心不在焉,它曲折而行以躲避巨石,或便于攀登,或得以庇荫,它采取一种阻力最小的路线"④。对于人来说,直线

---

① 杨·盖尔. 交往与空间 [M]. 何人可, 译. 北京:中国建筑工业出版社, 1992 (37).
② 菲利普·巴内翰, 让·卡斯泰, 让-夏尔·德保勒. 城市街区的解体——从奥斯曼到勒·柯布西耶 [M]. 魏羽力, 许昊, 译. 北京:中国建筑工业出版社, 2012: 2.
③ 勒·柯布西耶. 明日之城市 [M]. 李浩, 译. 北京:中国建筑工业出版社, 2009: 5.
④ 勒·柯布西耶. 明日之城市 [M]. 李浩, 译. 北京:中国建筑工业出版社, 2009: 5.

蕴含着人行动的崇高目标,道路是人的直角思维的最佳体现,是人们实践得以发展的理性体系,是一个目标得以实现的便捷路线。在城市中,人们将这种思维发挥到极致,其秩序的最佳体现就是街道。纽约曼哈顿岛将这一法则发挥到极致,通过方向+街区数字命名的方式,将网格状的街区清晰明了地定义出来,显示了严密与精确,美国纽约曼哈顿岛由南向北分为1~12大道（Avenue）,由东西向分为1~193街（Street）。按照方向+数字的形式命名街道,街道整体划一,周围高楼林立,整体呈现密集的网格状,是现代城市的突出代表。

街道是建筑之间的纽带,是城市诸种客体因素互动的纽带,与此同时,街道也是城市个体走向城市集体公共生活的可行路径,但依然要为街道的这一功用赋予若干可行条件,比如,在一定的范围之内,街道是人的聚集之地,超过这一限度,街道的汇聚功能就会不断减弱。随着城市的不断扩建,街道仅仅是拉近建筑与建筑之间的便捷路径和交通手段。越来越宽的街道和越建越高的桥梁不是为了人的通行与交往,而是为了汽车的通行。市区越大,人凭借自身能力向外探索的经历就会越索然无趣,向外探索的冲动并非远距离交通的枯燥乏味所取代,在这种情况下,人们更倾向于待在建筑中（家中）。正是出于此,有学者提出希冀:"对于城市居民来说,他们要夺回街道;对于政府来说,需要将街道还给居民。"[①] 不仅如此,街道中人的交往总是无法摆脱短暂性和即时性的特点。随着越来越便捷的道路建设,陌生人与陌生人之间往往匆匆而见又匆匆而别,难以记住对方的面孔。这是人际交往的被动接触方面,甚至称不上是严格意义的交往,毕竟严格意义的交往总是伴随着交往对象的主动性和目的性。由此形成的街道上的人与人之间的关系是变

---

① 强乃社. 空间辩证法视野中的封闭住宅小区及其问题[J]. 探索与争鸣,2016(11).

幻的和流动的,这种交往关系是城市主体交往的突出特点,这种人与产生人的需求(经济人)、人的思维(理性人)、人的行动和斗争(伦理人、法律人和政治人)等概念层面所分类的人不同,根本上说是一种依据现实城市政治基础的人,其交往基础是城市街道。

第三,街道具有对公共行为的监督与规训作用。福柯在《规训与惩罚:监狱的诞生》中说:"一个建筑物应该能改造人,对居住者发生作用,有助于控制他们的行为,便于对他们恰当地发挥权力的影响,有助于了解他们,改变他们。"① 街道某种程度上就是这样一种"建筑",譬如,面向街道的窗户如同他者的眼睛,对进入街道中的人起到监督作用。福柯最著名的全景式监狱设计就首先意识到光线的重要性,"可见性就是一个捕捉器",尤其是"充分的光线和监督者的注视比黑暗更能有效地捕捉囚禁者"②。换句话说,这种可见性即是秩序的保证。比如,灯火通明的街道总是显得比黑暗窄小的街道更安全,"光亮会诱使这些人监视街道,为维护街道出一份力"③。进入灯火通明的街道有助于人以视觉的方式了解这处空间,产生亲切感,他在这个地方四处走动和窥探的过程中,将可见性发挥到极致,进而产生安全感和依赖感。与此同时,这种可见性并非仅仅来自进入者自身,可见性须借助临街窗户散发出去,使进入者也成为被他者所观察的可见物,甚至成为街道的独特一景。与此同时,街道上的人在观察他人的同时也会成为被观察物。无论是否采取观察的视角,城市中的人往往只需要进入街道,便或主动或被动地成为街道"风景"的一部分。

---

① 米歇尔·福柯. 规训与惩罚:监狱的诞生 [M]. 刘北成,杨远婴,译. 上海:生活·读书·新知三联书店,1999:195.
② 米歇尔·福柯. 规训与惩罚:监狱的诞生 [M]. 刘北成,杨远婴,译. 上海:生活·读书·新知三联书店,1999:195.
③ 简·雅各布斯. 美国大城市的死与生 [M]. 金衡山,译. 南京:译林出版社,2005:42.

街道所赋予的这种可见性使其具有一定的监控机制,进而与城市安全紧密地联系在一起。当人们想到一个城市的时候,头脑中出现的往往是街道,街道对于一个城市是如此重要,雅各布斯将其视为"一个城市的最重要的器官"①。在她看来,"一个成功的城市街道的基本原则是陌生人之间时必须能感到人身安全,必须不会潜意识感受到陌生人的威胁"②。这表明,一座伟大城市的必备要素即是街道的安全性。那么如何保证街道乃至城市的安全性呢?雅各布斯表示,如果一个街道想要应付足够多的陌生人,需要两个条件:第一,"必须有一些眼睛盯着街道,这些眼睛属于街道的天然居住者"③。他们可能是长年累月经营店铺的老板,也可能是在街道上散步打牌的老人和游玩的孩童。总之,这些天然的居住者已经成了街道安全的保障,任何进入视线的陌生人都将遭到目光的打量,以此起到监督作用。第二,人行道上的行人吸引更多的眼睛从楼上往大街上看。对于一座开放城市来说,街道是陌生人来往最多、最为混杂的地方。每个人都愿意走上街道,其向社会全体的开放性和敞开性包容社会上形形色色的个人。正如居于社会关系中的人不可能在与世隔绝的环境里(房子里)度过一生,因而,"每个人都需要使用街道"④。

综上我们发现,在城市的运行过程中,街道不仅为城市人的公共行为提供了活动基础,也在一定程度上发挥了对进入街道中的人的监督作

---

① 简·雅各布斯. 美国大城市的死与生[M]. 金衡山,译. 南京:译林出版社,2005:29.
② 简·雅各布斯. 美国大城市的死与生[M]. 金衡山,译. 南京:译林出版社,2005:30.
③ 简·雅各布斯. 美国大城市的死与生[M]. 金衡山,译. 南京:译林出版社,2005:35.
④ 简·雅各布斯. 美国大城市的死与生[M]. 金衡山,译. 南京:译林出版社,2005:36.

用。这听上去似乎有些残酷，毕竟想象一种布满眼睛的都市监狱生活已十分可怖了。事实上，在实际运用当中，当人们自愿进入并使用街道功用的时候，很少意识到街道的监督作用，这有利于街道形成一种隐形的公共治理效果，街道上的常住居民通过对公共行为的监控，具体包括街头评议、赞许、反对和制止等行为构成的治理网络发挥作用。此时，"这里就是街道的安全工作做得最好，最不费心思，最不经常出现敌意或怀疑的地方"①。

三、走向公共生活的典范：城市街道

理查德·桑内特在《公共人的衰落》中试图先行寻找一种关于"表达是什么"的理论，否则，"公共生活中的表达都是空洞的"②，这似乎意味着应当有一种理论或一类对象来对应公共生活，否则谈起的公共生活就有形而上之嫌，难以实现。所以留存在此的疑问是：城市中的重要客体要素——街道能否担此重任？街道是否有可能成为一种恰当公共生活的指代对象？答案当然是无疑的，某种程度上，街道可以且应当被看作人走向公共生活的典范。

在城市生活中，街道以其空间特征具体化为城市社会的运行秩序，规范着人们进入公共生活的规范与秩序。马车时代，街道极其狭窄，街道上飞驰的马车使人们进入街道变成了一件极其危险的事。随着汽车时代的到来，街道逐渐变得宽敞，随着城市人口密度的大幅度提升，更多的人愿意走上宽敞的街道。然而，现代流动的技术也带来了死亡的公共

---

① 简·雅各布斯. 美国大城市的死与生［M］. 金衡山，译. 南京：译林出版社，2005：36.
② 理查德·桑内特. 公共人的衰落［M］. 李继宏，译. 上海：上海译文出版社，2014：7.

156

空间,"大城市的日常行为变得越来越和他人无关"①,人与人之间采取一种漠不关心的态度,城市公共领域中出现一种过分冷漠的恶,它不同于建筑堡垒中的人捍卫自身领地的敌意态度,而是一种明明处于公共领域却无时无刻不跌入自我利益的矛盾感情。此时,公共场地变成了一个特殊的社会交际领域,而自我是进入公共生活的负担。

这种公共性的负担体现为自我难以在公共领域的街道中找到适当的位置和角色的痛苦。自我对于他人的过分关注会显得自己与周围环境格格不入,或者干脆被套上"窥私者"的称谓。因而,作为个体的行人只能采取行色匆匆的冷漠方式掩盖其个体性。街道作为城市中面积最大、最普遍的公共领域竟然丧失了公共性,无论是街道中的车还是街道中的人,这种毫无缘由的流动性组成了最让人焦虑的日常活动。不仅如此,自我丧失的焦虑感还来自被僭越的人的绝对权利。街道的主角应当是人,他理应在城市中享有绝对权利。然而,焦虑产生了,它来源于"这样一个事实:我们将不受限制的个人当作一项绝对权利"②。而在街道这个公共空间中,很明显,享有这一绝对权利的是汽车,而不是人。人与车的角色发生了颠倒错位,进而引起人步入街道的恐慌感,这令人发狂,个体感受随即表现为强烈的不安感和主体地位的侵袭感。也正是在这一层面上,理查德·桑内特得出了结论:"现代流动的技术以一种消除地理条件限制的欲望改变了街道的性质。"③ 流动的技术改变了街道的性质,使其彻彻底底地沦为交通的手段,对于人来说,城市中的街

---

① 理查德·桑内特. 公共人的衰落 [M]. 李继宏,译. 上海:上海译文出版社,2014:2.
② 理查德·桑内特. 公共人的衰落 [M]. 李继宏,译. 上海:上海译文出版社,2014:17.
③ 理查德·桑内特. 公共人的衰落 [M]. 李继宏,译. 上海:上海译文出版社,2014:17.

道毫无意义。当然，这也仅仅是就城市街道的内容而言，其客观形式体现了城市的秩序性，行人和汽车按照街道的规划各司其职，构筑了城市流动性的流通管道。

街道之所以被视为公共生活的典范在于强调了社会实现公共性的现实物质基础。居住在建筑中的人，唯有借助实实在在的街道才能走出个体世界，进入公共生活当中并进而从事改造社会乃至自身的实践活动。在城市的街道中所发生的种种交往活动重新规定了公共性的呈现形式。城市街道作为一种新的公共领域和培育公共性的领地，满足了人们的交往意愿，这是街道中人的实践活动所能够赋予街道的具体内容。当然，城市中人的实践活动不仅仅局限于经济活动，借助生产活动，相互配合形成的依赖关系是一种被动的联系，人一旦有机会摆脱这种联系，便会毫不犹豫地脱离出去，它使得人与人之间只存在一种关系：压迫与被压迫、剥削与被剥削的经济关系。这种基于生存需求而相互依赖的公共关系只能居于低级的物质交往层次。今天，这一理解显然已经失效了。不可否认，生产关系交往是一种基础但仍简陋的社会结合形式，尤其是进入信息时代后，赛博空间对人的最大冲击在于，远距离交往网络被过分容易地建立起来，距离缩短了，城市"加倍"了，人与人之间的身体接触变得不那么重要了。"传统的城市公共空间已经丧失了它最重要的功能；接触和交流主要发生在媒介的网络中，而不是在物理空间中。"[①]在交往过程中，人们可以借助机器自主地选择交往对象。人与人之间的交往借助网络设备变成了有目标、有对象的特殊交往行为。这也就能理解为什么大街上会出现越来越多的行色匆忙且怀抱手机的人而真正的人与人之间的关系变得陌生和冷漠了。

[①] 马汀·德·瓦尔. 作为界面的城市——数字媒介如何改变城市[M]. 毛磊，彭喆，译. 北京：中国建筑工业出版社，2018：88.

当然，以上的论述并非将人的公共性难题一股脑地抛给了信息技术的发展，而是试图将情境澄清并简明化为"人应当在何种场域寻求公共性"的问题。现代社会是一个高度复杂和功能分化的社会，将其视为同质联合体的假设是缺乏说服力的，国家机器所发挥的调控作用十分有限。与此同时，公共领域被消费裹挟，人们进入公共领域只是为了娱乐，"公共领域是一个人们寻找刺激的地方，在那里人们可以获得灵感，人们可以寻欢作乐、购物、遇见他人，喝一杯咖啡，但真正的相遇不再发生"①。因而，有必要找到一种方法处理与复杂空间秩序相关的问题，好的城市生活应当如何引导这种有秩序的生活的问题。

　　哈贝马斯试图强调公共领域的物质基础，其所指称的公共领域是人们相互交往的理性空间，他将国家消解为社会自我组织的媒介，借助人与人之间的交往行为，公共领域获得了一定的政治规训功能。对于汉娜·阿伦特来说，公共领域首先是一个物质上的会面场所，是陌生人相遇的地方。街道是一个尽管人们拥有不同意见、地位、种族和经济背景，但是人们却在这里相遇并包容的地方。在这个意义上，街道本身的客体形式即能满足"公共"二字的现实物质基础，成为公共领域的现实承载物。"公共范畴必须作为一个中立的地带，城市居民可以作为市民在那里相遇。"②

　　街道公共性的满足离不开其开放性特性。街道成为一种开放空间是必然的选择。因为街道中来来往往的特殊性代表——人总是为街道带来这样或那样的不稳定因素，这些因素不断地对抗着空间的封闭性，使其在不断开放中吸引越来越多的人，而这成就了街道的开放性。街道是一

———————
① 马汀·德·瓦尔. 作为界面的城市——数字媒介如何改变城市［M］. 毛磊，彭喆，译. 北京：中国建筑工业出版社，2018：58.
② 马汀·德·瓦尔. 作为界面的城市——数字媒介如何改变城市［M］. 毛磊，彭喆，译. 北京：中国建筑工业出版社，2018：63.

个具有多样性与差异性的城市空间，走上街道实际上是回归了传统的人与人的交往方式。总体来说，这是一种以敞开式的民主方式介入城市公共生活的尝试。

第三节　公共广场的总体规定

一、"到广场去！"：纪念碑与集体记忆呈现

关于城市公共空间的研究主要集中于城市社会学和政治学等层面，鲜有在哲学层面上论述的文本，以广场为代表的城市公共空间的研究值得哲学研究者注意。广场实际上是欧洲公共空间的典型代表。亚里士多德在《政治学》当中将广场视为公民从事政治活动的核心场所，是人类过一种公共生活的现实可能。亚里士多德的城邦是人类自然本性的趋向物。人作为一种合群的动物，因而应过一种共同的生活。只要人按照自己的本性生活，就势必要过一种城邦的公共生活。亚里士多德的城邦本质是"公民集体"，尽管在古希腊城邦就已存在私人生活领域和公共生活领域的区别。但是由于个体直接或间接地依赖城邦共同体政治的参与，因而，古希腊的城市广场就成了政治活动中心。

除去公民的参政功能之外，古罗马中产阶级还建造了十分先进的戴克里先公共浴场（Bath of Diocletian），形成了一个功能多样、价值多元的交往场所。浴室建筑群"占地面积达23万平方米，浴室的四周是公园"[1]。尽管"公共浴场是皇帝戴克里先私人修建的殿堂，但他并不反

---

[1] 列斐伏尔. 走向享乐的建筑 [M] // 汪民安. 建筑、空间与哲学. 南京：江苏人民出版社，2009：4.

对罗马的全体人民和他共同享用这座豪华的殿堂,上至皇帝戴克里先本人,下至奴隶,谁都可以来到这个奢华之所享受一番,有些固定的日子女性也可以光顾"[1]。罗马人的公共浴池是身体拜物的胜利,是"游手好闲者、食客的理想环境",芒福德将这部分人称为"过分注意自己身体的人"[2]。浴室作为公共空间的代表物将社会交往的社会学功用发挥到极致。

本质上,广场发轫于市民社会。在卡斯特尔看来,"公共空间,作为自发的社会互动的基地,是社会沟通的手段"[3],在某种程度上满足了人们交往的需求。农业社会中,私人领域和公共领域的分野不甚明显,而在城市社会中,"公共空间就是大多数人所持有的价值"[4]。除此之外,广场在实际的城市系统中以多种形式发挥着作用,如纪念性广场、娱乐性广场、市政广场、交通广场、集散广场、商业广场以及兼容几种或全部功能的综合性广场。

事实上,城市广场本质上为具有一定功能的开放空间,是人为设置的供城市市民公共活动的空间设计过程,同时也是城市规划中必不可少的元素之一。但是广场又不仅仅满足于开放场地的功能,在其发展过程中广场逐渐形成一个完整的管理区。其中,"圣祠、庙宇、法庭、议会、威严的柱廊环抱的开阔空间,都是它的组成部分"[5]。在城市建设中应当保证一定的公共空间的占有,以保障人们从事公共生活的可能

---

[1] 列斐伏尔. 走向享乐的建筑 [M] //汪民安. 建筑、空间与哲学. 南京:江苏人民出版社, 2009:4.
[2] 列斐伏尔. 走向享乐的建筑 [M] //汪民安. 建筑、空间与哲学. 南京:江苏人民出版社, 2009:242.
[3] 许纪霖. 帝国、都市与现代性 [M]. 南京:江苏人民出版社, 2006:250.
[4] 许纪霖. 帝国、都市与现代性 [M]. 南京:江苏人民出版社, 2006:250.
[5] 刘易斯·芒福德. 城市发展史——起源、演变和前景 [M]. 宋俊岭,倪文彦,译. 北京:中国建筑工业出版社, 2005:237.

性。相比于建筑，作为广场的公共空间往往规则简单、边界清楚、功能单一且兼具一定的规模效应。公共空间是一个城市活起来的重要保证。公共空间越大，人们能从事公共生活，人的幸福感就会越高。修建公共广场、增添座椅、增添绿化面积，吸引更多的人在城市的公共空间中娱乐和小憩。

广场作为象征物，往往具有一定的象征含义，代表着特定形象。意象（Images）这个术语源于拉丁词 Imitation（模仿、模拟），Image本身并不对应十分确切的词汇，在翻译的时候也会有不同的译法，如表象、意象、形象、映像等。在以弗洛伊德为代表的现代心理学家那里，意象可以呈现一幅梦中图像，是患者心理情境的再度呈现。这意味着感觉、情感等心理状态可以类比为实体化的图像或建筑。这种或视觉或身体的意象构成了集体记忆向外的呈现方式。这一方式通常以广场上纪念碑的方式体现出来。譬如，一些历史事件记忆集合即以在历史事件中发挥重要作用的关键历史人物的雕像呈现出来。借助对历史人物雕像的缅怀过程，人们关于特定历史事件的尘封记忆被激发出来，这一过程有助于强化人们关于特定历史事件的记忆。正是如此，列斐伏尔将纪念碑视为"人们唯一能够构思和想象集体（社会）生活的地方"[1]。集体性的周期形成的庆典仪式即将个人的记忆召回体验扩大化，使其成为一种集体记忆的焦点产物。某种程度上，这是纪念日等特殊时刻进行广场游行和历史人物祭拜活动所能达到的唤醒效应。

广场在发挥作用的时候兼具集体性意义。以纪念性广场为例，广场内部通常会竖立大型建筑，广场一般也会以该建筑命名。广场建筑是人类集体记忆的模仿物或类比物。建筑的类比功能包括并不局限于罗马教

---

[1] 亨利·列斐伏尔. 都市革命 [M]. 刘怀玉，张笑夷，郑劲超，译. 北京：首都师范大学出版社，2018：23.

堂、石偶、墓室、石棺、木乃伊等建筑物，这些事物都具有一定的象征作用的对象物，对于要言明的事物起到类比的作用。比如，建筑的叙事性往往类比于叙事性的历史事件。譬如，巴黎的凯旋门象征着某场战争的胜利，北京的天安门广场则象征着人民主权。相应地，在广场上进行的活动也具有特定含义。在意大利，公共运动被称为"广场运动"，"'到广场去！'是武装反抗的一种委婉说法"①。

那么，历史记忆又是如何展现为集体记忆的呢？记忆是由社会集体暂时存储的，在某特定场合记住社会群体进行回忆。在历史记忆当中，个人无法直接回忆事件。只有通过他人的传颂和讲述才具有说服性，或者在纪念性活动和节日的场合中，人们聚集在某处场所重演过去，一同回忆某特定群体和个人的事迹和伟绩之时，历史性的纪念记忆才能被间接地激发出来。城市的建筑形态体现在广场上一个一个富有特性的纪念物中，没有纪念物，没有节日，人们就无法知晓时间的流逝。某种程度上，"纪念建筑承载着城市的时间性"②。当然回顾历史记忆的是个体，植根于特定群体情境中的个体，而不是群体或机构。但个体往往会利用群体情境（广场聚集）来记忆或回忆过去。正如哈布瓦赫所指出的那样，集体记忆并非一种既定的称谓，而是一个社会建构的概念。集体记忆并非某种神秘的群体思想。集体记忆需要得到群体的支持，而这份支持需要特定的时空界定，需要特殊的空间产物来重新唤起，这一空间产物即是以广场为代表的公共建筑。

---

① 斯皮罗·科斯托夫. 城市的组合——历史进程中的城市形态的元素 [M]. 邓东，译. 北京：中国建筑工业出版社，2008：125.
② 阿尔多·罗西. 城市的建筑学 [M]. 黄士钧，译. 北京：中国建筑工业出版社，2006：127.

二、城市公共空间的双重要素：建筑退让与街道支撑

一般来讲，并不是所有的建筑生来兼具公共性。按道理来说，建筑作为城市的一部分，势必要协调与城市中其他客体要素的关系。这一协调过程带来的直接结果是城市公共空间的逐渐扩大，间接结果是建筑等客体要素公共性的显现。在这一层面，建筑退让和街道支撑双重规定发挥着极为重要的作用。具体如下：

（一）建筑退让公共空间

曼哈顿有着世界上最多的摩天大楼，它毫无保留地将人们以往理解的建筑特性展现出来，即"一种毫不掩饰的、僭越的建筑"[①]。这种建筑越是公然地缺乏耻辱心，越是使人爱慕。不仅如此，"曼哈顿的建筑是一种获益于拥挤的样板"[②]，技术使得样板竖向的无限叠加成为可能。按照库哈斯的理解，曼哈顿随着19世纪80年代钢结构的发展与完善以及奥的斯安全电梯的发明，1900—1910年，真正意义上的摩天楼开始逐渐产生。随后，整座城市变成了人造经验的工厂，高耸蔽日的摩天大楼借助样板的复制粘贴野蛮生长，曼哈顿激发着它的现代建筑的信奉者对摩天大楼的狂热。

20世纪初，曼哈顿所形成的以摩天大楼为主要特点的都市意识形态带来了诸种困境。著名的恒生大楼（Equitable Building，1912—1915）是当时的建筑风格的突出代表。地产商出于经济考虑，恒生大楼容积率惊人，高达1.3万人。整体建筑体量巨大，冬季的恒生大楼会形成面积高达2.6公顷的阴影（26000平方米），相当于自身面积的6倍，遮天

[①] 雷姆·库哈斯. 癫狂的纽约 [M]. 唐克扬, 译. 北京: 生活·读书·新知三联书店, 2015: 12.

[②] 雷姆·库哈斯. 癫狂的纽约 [M]. 唐克扬, 译. 北京: 生活·读书·新知三联书店, 2015: 13.

蔽日的大楼直接导致周边街区暗无天日，办公楼出租率下降。这直接导致了纽约市《1916年区划法案》(The 1916 Zoning Resolution) 的出台，旨在遏制摩天大楼的高度和建筑的巨大体量。

《1916年区划法案》中明确表示，如果开发商希望建设更高的建筑，必须按照一定的比例从街道向后退相应的距离，最终使得后来的摩天大楼呈现逐层退台式的建筑形态，建筑呈现为婚礼蛋糕式的样子。尽管1961年的纽约规划法案条例中，"高层+广场"的模式取代了"退台式"建筑，但退台式建筑仍然为城市公共空间的建设开了先河，改善了城市环境，街道上保有一定的阳光，行人可以享受更为丰富的公共空间。

"高层+广场"模式的突出代表是利华大厦。建筑师邦沙夫特在研究了《1916年区划法案》的基础上，受到了"面积小于用地25%时不再要求退台"规定的启发，在其为利华大厦的设计方案中，以占整体用地面积25%的长条作为主体建筑，将75%的裙底空间让出给街道，并且在其中布置座椅、绿植、雕像等，任由行人穿越休憩，在当时曼哈顿满目的"婚礼蛋糕"中独树一帜。利华大厦对面的西格拉姆大厦则更进一步在建筑退让的用地上设计了城市公共广场、喷泉、大理石座椅等，形成了一个供行人休息的生机盎然的小型广场。此后，花旗银行大厦更是将近十层的底部楼层舍去，仅仅保留了四个支撑柱，在此基础上，建设下沉广场（Sunken Plaza）、跨街区骑廊（Through Block Arcade）、风雨步行空间（Covered Pedestrian Space）、户外广场（Open Air Concourse）[1]，伴有绿植景观、便利店、咖啡店等，最终成为街道的宜人一角，花旗银行的例子是建筑最大限度地出让和配置公共空间的

---

[1] 于洋. 纽约市区划条例的百年流变（1916—2016）——以私有公共空间建设为例[J]. 国家城市国家，2016 (2).

典范。

摩天大楼具有一种混合的矛盾性,特别是当摩天楼试图以独立整体的结构占领城市街区的时候,每一栋建筑都将变成钢筋水泥铸成的"私有领地",代表着异质且独立的城市形态。然而,摩天大楼又在不断的"退让"中重新组合和安排着公共都市生活,使城市空间变得越来越多元的同时为社会交往提供了便利。

(二)街道支撑公共空间

居于钢筋水泥中的人喜欢仰望天空,只有当天空开始呈现出格子状的时候,人们才清醒地意识到这里是城市而非乡村。相反地,当人们以俯视的角度重新观摩城市的时候,一座座深不可测的摩天大楼将城市化为一处处的孤岛,街道即是连接一座座孤岛的沟壑。如果将城市视为一座居于时间之上的实体建筑,很明显,街道起了支撑城市的骨架作用。这意味着,借助街道城市能够成为一处任何人都可到达的开放性空间。我们将街道的这一特性描述为对公共空间的支撑作用。

对街道规定性的详细阐述须回到"何谓公共空间"的初始问题上。福柯曾在《〈空间、知识、权力〉访谈录》中表示:"空间是任何公共生活形式的基础。"[1] 公共空间在公共生活中起到了前提性作用,是人们从事公共活动的基础。在城市中,这一空间会具象化为不同的场所,表现为广场、剧场、浴场、赛马场等多种蕴含一定目的的形式。因而,斯皮罗·科斯托夫将公共场所概括为"一个目的地,是为仪式和交往提供的一种具有特殊用途的舞台"[2]。由此可以发现,公共活动以富余空间为基础且满足了人们从事交往的目的。之所以将交往置于决定公共

---

[1] 福柯.《空间、知识、权力》访谈录[M]//包亚明.后现代性与地理学的政治.上海:上海教育出版社,2001:3-4.
[2] 斯皮罗·科斯托夫.城市的组合——历史进程中的城市形态的元素[M].邓东,译.北京:中国建筑工业出版社,2008:123.

场所的首要地位原因在于，公共领域与私人领域不同，在公共场所中，人们是以一种与在私人领域中大为不同的方式行事的，这些事情与私人领域人的存在方式相冲突，是人在私人领域中不能做或根本不会做的。尽管有人提出将私有化的商店作为公共场所，出于这些私有建筑通常会将自身视为公共场所等原因，但就公共场所完全意义上的可自由利用性来说，这些具有公共性的私人建筑也只能算作公共场所的类型之一，而非完全意义上的公共场所。

在这个层面上，广场似乎是最大限度满足公共性的场所，一方面，"公共场所的特权就是行动自由——也有权待着不动"[①]，人们不仅能选择何时何地进入，也能进行完全的自我主张而不受到任何限制。另一方面，广场上可以举行大部分的公共活动，如活动日、花车表演、阅兵、狂欢节、庆典等活动。人们行使自身的公民权，体验盛大的感觉且不必获得任何权力机关的同意或宣称任何理由。

正因为广场的公共属性，因而广场必定是可到达的，这便涉及广场的尺度问题，否则广场只能是城市"沟壑"中的空白之地。如果可以将道路形象化为城市中的轨道的话，那么街道起到了将私人建筑中的人汇聚广场以及在适当的时候疏通人流的作用。有时街道甚至会影响广场的形态特征，一般来说，在多条街道的交会处容易形成广场，即街心广场。当街心广场具有市场功能的时候，由此形成的聚集地——广场也保留着临时性和可移动性的特点。换句话说，广场必定是可达的，有街道贯通的地方才能形成广场，否则广场将失去公共特性。因此，在城市的综合研究中，街道起到了支撑公共空间的作用。

---

① 斯皮罗·科斯托夫. 城市的组合——历史进程中的城市形态的元素[M]. 邓东, 译. 北京：中国建筑工业出版社，2008：123.

三、城市公共精神：场所精神的现代塑造

城市首先是一处地点，城市中的建筑、街道和广场都能被视为具有特殊功能的聚集地，与此同时，建筑、街道和广场的布局影响着城市的整体结构，使其成为一个具有意义的场所。在此基础上，诺伯舒兹用"意义"和"结构"两种概念来阐释场所精神。他认为："任何客体的'意义'在于它与其他客体间的关系。"① 换句话说，意义来自客体的"集结"。对于其中的人来说，场所则是人在改造环境的过程中形成的具有一定目的的聚落形态，场所的意义在于人不断安顿（Settle）自身的过程。

这实际上指出了形成场所的至关重要的两个要素，即"场所是自然的和人为的元素所形成的综合体"②。因而，城市又是一处人与自然二者互为作用、交互形成的场所。一方面，从空间的角度来看，"人需要一种包被，因此在自然中变企图定居于能够提供一个界定空间的场所"③，这个空间就是城市。另一方面，城市中的诸多有意义的自然要素能够形成一种"邀请"，最终成为场所具体化的重要方法。

场所形成于人脱离自然独立出来的过程。黑格尔在《历史哲学》中即指出"世界通史的地理背景"，探究地理环境对世界历史发展的影响。马克思也在探究人与自然的关系中理解世界，理解社会，人化自然的过程也是反映自然并回馈自然的过程。诺伯舒兹发现，虽然马克思主义在结构上达到了健全，但是精神的观点被忽略了，也就是人对于场所

---

① 诺伯舒兹. 场所精神：迈向建筑现象学 [M]. 施植明，译. 武汉：华中科技大学出版社，2010：167.
② 诺伯舒兹. 场所精神：迈向建筑现象学 [M]. 施植明，译. 武汉：华中科技大学出版社，2010：172.
③ 诺伯舒兹. 场所精神：迈向建筑现象学 [M]. 施植明，译. 武汉：华中科技大学出版社，2010：172.

的认同感的技能被忽略了,基于此,马克思主义并没有理解"住所"的意义。

在唯物主义者看来,场所仅仅是客观实在物,是由一系列钢筋水泥所形成的人造物,这个就为"场所沦丧"①埋下了祸根,即人对周围环境和人为物丧失认同感而引起的一系列反应。相反地,场所的意义在于人不断地安顿自身、塑造意义的过程。尽管诺伯舒兹也或多或少地涉及物的集结作用。但他所言明的场所精神仍然是基于个体的人与周边环境的交互过程所形成的个体心理。因而,正像他批评马克思未能理解主体精神的含义,他也没能理解物质客体。换句话说,场所精神并不能代表现代城市中人的精神状态,场所精神在面向城市现实时,仍需落地为可言明的指称,即经历现代精神的塑造过程后所形成的城市公共精神。

城市公共精神借由城市公共空间的建设和利用过程彰显出来。城市公共精神反映了城市建设中协调私人利益与公共利益的初衷,是个体试图过好的城市生活的精神追求。由此,公共精神折射每个生活在城市中的人的现代素养。长久以来,个体与集体、人与世界、私人与公共总是处于一种对立关系的描述范式中,譬如,加特诺·莫斯卡表示,"人类有着一种聚在一起与其他人群对抗的本能"②。齐美尔也在其社会学著作中表示集团的普遍存在性。马克思则以财产多寡为标准,用"阶级"来指代社会中不同的社会集团。

利用国家这一组织形式可以检验不同集团结合的优势,国家用爱国主义、意识形态、共同的文化、法律规定制度等形式形成一种集团力量。城市同样也是一种带有地域性的组织形式,那么国家的组织形式是

---

① 诺伯舒兹. 场所精神: 迈向建筑现象学 [M]. 施植明, 译. 武汉: 华中科技大学出版社, 2010: 168.
② 曼瑟尔·奥尔森. 集体行动的逻辑 [M]. 陈郁, 郭宇峰, 李崇新, 译. 上海: 上海人民出版社, 1995: 15.

否适用于城市呢？按照马克思主义政治经济学的观点来看，国家是阶级统治工具，是阶级矛盾不可调和的产物，因而，国家不可避免地采用强力手段来协调不同社会集团的利益关系。而城市则不同，一方面，城市是人类自愿聚居的生活栖息地，在一国之内，城市的界限相对模糊，人们有权自由迁入或迁出。另一方面，相比国家，城市更为微观，在其中扮演主要角色的是以家庭为主的集团式个体，针对这样的对象，仅仅以强力手段解决其利益冲突将使城市丧失市场精神，最终陷入困境。因而，一种适用于协调城市里不同"集团"的组织形式——城市公共精神应运而生。

弘扬城市公共精神应注意协调以下关系：第一，城市公共精神与市场精神相协调。为商业建筑明确规则，引导商业活动对城市公共空间的"退让"作用。第二，良性的城市公共生活应当发挥公民的规范意识、参与意识和共同意识。城市公共空间的有序使用需要城市个体对其的维护、利用和尊重。公共精神的营建离不开公众的切实参与。第三，公共空间是城市功能的一部分，应当保护城市公共空间的形成过程，保证其充足供给。与此同时，城市公共空间的建设应把握好建筑、街道与广场等客体要素与人之间的关系，城市公共治理的逻辑在人，应当发挥人的主动性，共同营建城市美好公共空间，进一步完善城市公共空间治理。

第五章

城市社会之现实维度分析

第一节 城市社会的个体与共同体之辨

从历时态的维度来看,个体与共同体的争论由来已久,贯穿整个哲学史。当转换到共时态的维度时,个体与共同体则表现为空间的分散与聚合,由此可以勾勒出城市的发展过程。如今,争论以一种"断裂"的方式出现在现代化的城市社会中,具体表现为:一是以城市分工为代表的私人空间与公共空间断裂;二是以"忧虑"为表现的个体与集体紧张关系;三是以流动性与固定性为组织方式的个体与集体冲突等。"城市共同体"本身的理论价值与现实关怀之间的张力使其日渐成为马克思主义哲学的考察对象之一。

城市又称"城市聚落",是非农人口聚居并交易所形成的聚合空间。正如"城市"的字面含义,"城"指聚居之地,"市"指集市之地。事实也正是如此,聚合原因一方面在于个体无法应对严酷的自然挑战,需要通过聚集来保证生命存续;另一方面源于个体的交往属性,它要求结成关系式同盟,如内在的家庭模式和外在的社会模式。然而,以现代性背景下的城市为比较对象，则恰好表现为相反的过程——由聚合到分散。现代性将个体变成主体的同时也把个体变成了现代化的对象，集体与个体的冲突在现代性的催化下变得尤为明显。问题域的转换重新赋予了研究该问题的活力，从个体与共同体的关系入手，廓清现代城市的呈现样态，进而探究城市问题的解决路径。

一、城市视角下关于个体与共同体的争论

个别与一般孰轻孰重的讨论，贯穿了整个哲学史。从古希腊哲学到近代理性哲学再到现代哲学，此类问题不断交锋，个别与一般如影随形。特别是在城市哲学中，个别（个体）与一般（共同体）分别对应空间的分散与聚合，二者的变化为我们勾勒出城市的发展历史。文明伊始，城市表现为分散到聚合的过程。亚里士多德认为：人们为了美好生活聚集于城市（United In A Single Complete Community），而"城邦之外孤独游荡的个体只能是天使或野兽"①。城市史学家刘易斯·芒福德在《城市发展史：起源、演变和前景》（以下简称为《城市发展史》）中表示："城市是促成聚合过程的巨大容器，它通过自身的封闭形式将各种新兴力量聚拢到一起。"②"城市是一个由基层团体和各种专门协会所组成的相关集合体。"③ 马克思在确认城乡差别的基础上认为："城市已经表明人口、生产工具、资本、享受和需求的集中这个事实，而乡村里所看到的却是完全相反的情况：隔绝和分散。"④ 以上都表明了一个事

---

① 亚里士多德. 政治学 [M]. 吴寿彭, 译. 北京：商务印书馆, 2017：25.
② 刘易斯·芒福德. 城市发展史：起源、演变和前景 [J]. 宋俊岭, 倪文彦, 译. 北京：中国建筑工业出版社, 2005：37.
③ 刘易斯·芒福德. 城市文化 [M]. 宋俊岭, 李翔宁, 周鸣浩, 译. 北京：中国建筑工业出版社, 2009：507.
④ 马克思, 恩格斯. 马克思恩格斯文集：第1卷 [M]. 北京：人民出版社, 2009：556.

实：城市作为文明的产物，让人们由分散走向了聚合，由个体走向了共同体的发展过程。

当然，以上情况仅适用于城市产生之初。在城市发展后期，则呈现出与之相反的组织过程。它在空间上，表现为聚合到分散（逆城市化）；在社会关系上，表现为共同体到个体。为了应对20世纪初英国城市中城市居民"逃离"市中心等逆城市化现象，英国城市规划家埃比尼泽·霍华德甚至提出通过在城市边缘创建"花园城市"来解决这种情况。至此，个体在城市社会整体中的重要性逐渐开始被人们意识到。譬如在《城市发展史》中，芒福德认为，"城市作为集体权力的直接产物，复杂的社会机构和体系就已经被发展出来了，而蕴含在其中的个体就已经解体和腐烂了"①。科特金在《全球城市史》中也表示："一个没有道义约束或没有市民属性概念的城市即使富庶，也不可能保持长久。"②

通过"分散—聚合"和"聚合—分散"两对相反的过程，能够大致勾勒城市的产生史与发展史。当然这只是断裂的表象，对于摆脱了空间形式的城市社会来说，更为深层的原因则是由来已久的个体与共同体争论。

关于个体与共同体的争论，不同学者给出了不同的解释。一方面，以20世纪60年代流行于美国的"社会冲突论"为例，其代表人物刘易斯·科塞从齐美尔的"冲突是一种社会结合"命题出发，第一次确证了冲突理论在社会中的积极作用。他通过对结构功能主义的反思过程进而强调社会冲突对社会的积极影响。科塞此后，芝加哥学派的代表罗伯

---

① 刘易斯·芒福德. 城市发展史：起源、演变和前景 [J]. 宋俊岭, 倪文彦, 译. 北京：中国建筑工业出版社, 2005：37.
② 乔尔·科特金. 全球城市史（修订版）[M]. 王旭, 等译. 北京：社会科学文献出版社, 2010：4.

特·帕克也将"冲突"看作社会学的基础概念,是现代社会互动的主要形式之一;另一方面,以齐美尔、鲍曼、马泰·卡林内斯库等人为代表,他们对社会中个体的异质性是否归因为现代性问题持保留意见。相反,更强调社会中个体的积极作用。比如,齐美尔将量的个人主义解释为各种扩大的和相互交错的社会阶级的产物,但量的社会主义受社会制约,强调个人准则的重要性①。鲍曼认为,现代性充分体现了世界的不稳定性,开启了重新塑造一切的可能性,也使得与生俱来的人性让位于个性特征,甚至"所有的社会群体都是制造意义上的工厂"②。从以上观点可以看出,除了一种普遍的对个体的张扬之外,一个清晰的事实摆在眼前,争论总是现代性相裹挟,成为现代的一部分。

这类普遍的观点将矛头指向现代性,实际上,这种解释方法不无合理性,尤其是在资本逻辑被通约为一种普遍"真理"之后。人们似乎已经忘记了现代性本身的特点,现代性并非一个单一的过程或结果,其本身充满着对立与冲突。除了文化、美学、哲学意义上的现代性,以空间样态为代表的城市也是现代性的表现方式之一,城市中的"矛盾""冲突""分裂"本身就代表着现代性,是演化过程不可分割的一部分。不仅如此,现代性本身属于社会概念范畴,人成为城市的一部分就意味着成为存在的社会的一部分,而恰恰是这整体中一小部分具有摧毁整体的力量,对此应当辩证考察。

经考察,对现代性背景下的社会整体来说,无论个体还是共同体在城市中都力图证明自身的合理性。个体化不过是改头换面的共同体,它组成共同体,成为共同体的一部分,最后变成共同体。但这并不能阻止人们将其看作一种相对主义的苟合,因为本质上个体、共同体与城市仍

---

① 齐美尔. 社会是如何可能的:齐美尔社会学文选 [M]. 林荣远,译. 桂林:广西师范大学出版社,2002:3.
② 齐格蒙特·鲍曼. 个体化社会 [M]. 范祥涛,译. 上海:上海三联书店,2002:3.

然处于分裂的状态。正如法国历史学家费尔南德·布罗代尔曾经评论的那样："城市永远是城市，不论它位于何处，产生于何时，空间形式如何"①，作为组织形式的个体与共同体始终没有进入城市本身。当然，意识到断裂困境的好处在于：为人们以二者关系为突破口探究城市的未来发展方向指明了超越路径。

二、城市社会中个体与共同体的样态

在现代性背景下，城市社会中的个体与共同体的断裂表现为多种样态，从哲学的层面上理解和研究发展的形态有助于城市问题的解决，蕴含着一定的理论价值和现实关怀。

（一）以城市分工为代表的私人空间与公共空间断裂

对于一座城市来说，其特征表现为个体在空间中的存在方式，个体与个体共在的方式即呈现为城市人的生活方式。然而，在有限的空间范围之内，它不可避免地表现为私人空间（房屋）与公共空间（广场等）的冲突。但区域与区域之间的边界不是固定不变的，它随着二者之间的"切割线"② 而变动。这使得城市社会中的共同体并非铁板一块，个体与共同体在有限的空间内此消彼长，产生整体的断裂。

鲍曼有言："社会空间是产生个体存在中的种种矛盾的场所。眼睛要注视着自己的表现，因而也就偏离了社会空间。"③ 城市社会中，个体和共同体走上了不同道路。究其原因，共同体强调一致性和确定性，

---

① RYBCZYNSKI W. City Life: Urban Expectations in a New World [M]. New york: Scribner Book Company, 1995: 49.
② "切割线"齐美尔. 社会是如何可能的 [M]. 林荣远, 译. 桂林：广西师范大学出版社, 2002: 316.
③ 齐格蒙特·鲍曼. 个体化社会 [M]. 范祥涛, 译. 上海：上海三联书店, 2002: 131.

以此保证共同体的行动方向和实施效率。然而后现代主义意义下的个体则强调不确定性（Indeterminacy）和不可决定性（Undecidability）[1]，注重个体的情感和体验的独立性。在这个意义上，个体不足以拥有塑造城市居民的性格特征和控制他们生活的力量。那么，一定还有其他的什么东西与城市和城市中的人有关，能够塑造城市中个体生活的特殊性和独特性。但事实却相反：个体走向同质化，最终成为共同体的一部分。通过考察城市社会中的现代性运作过程便可知一二。

城市的现代化运作过程的表现之一是个体与空间（房子）的联结，导致了个体幸福被置于外在物的监督和控制之下，个体幸福变成可量化的标准。这当然会遭到质疑，譬如：这难道不是发挥个体主观能动性的实现过程吗？在城市形成的初始阶段，个体的主动性确实起着不可或缺的推动作用。而在城市发展后期，情况就变得全然不同。空间本身的有限性，使人们不自觉地让渡自身权利并被动接受城市整体的"治理"模式，导致了个体性实现过程中的从属与被从属关系。特别是对于初入城市的人（New City Comer）来说，意识到这种空间控制并不难，因为它已经渗入到社会组织和细胞的血脉中。比如：福柯和鲍曼都将城市比喻为全景监狱，是带来社会忧虑的主要根源。"忧虑仍然存在，并且因为要直面它而更显深刻和令人畏惧"[2]，在这个被制造的过程中，所有的城市群体都成了制造意义上的代理工厂。

对于上述的巨型城市工厂来说，只有分工，才能够保障它的高效率运转。以往的社会大生产不再以集体化的方式进行生产，而在很大程度上转变为个体的主观劳作。医生、官员、教师、警察、清洁工、股票分

---

[1] 马泰·卡斯内斯库. 现代性的五副面孔 [M]. 周宪、许钧，北京：商务印书馆，2002：18—47.
[2] 齐格蒙特·鲍曼. 个体化社会 [M]. 范祥涛，译. 上海：上海三联书店，2002：131.

析师等不同的职业角色在社会中各司其职,保证了城市的稳定性和多样性。然而,伴随着城市发展程度的提高,职业之间的转换开始变得不那么容易。最初的职业往往能决定未来职业的发展方向,比如一名保险推销员很难成为拿手术刀的医生,反之亦然。不排除这样的状况,医生去做推销员,但必然要付出更多的时间和精力成本。城市给予人们自由选择职业的机会,但分工却在剥夺这样的机会,城市正像一座监狱,人们在监狱里"自由地"踱步,因为"监狱"恰好是他们自己"自由地"建造的,是自然的异化之物①。

综上,个体与共同体的断裂源于城市社会中的分工活动和职业专门化行为。它抑制了个体天赋的发展,是个体的自决权转移到集体控制权。反过来,集体同样丧失了整体化的运作模式,变得零散和破碎,个体对集体的破坏性转化为一种持续不断的、无法组织的局部力量,带来社会创造性的毁灭。

(二)以"忧虑"为表现的个体与集体紧张关系

正如马克思所说:"资本不是一种物,而是一种以物为媒介的人和人之间的社会关系"②,城市的资本化赋予了社会关系情绪化体验,以"忧虑"为代表的紧张关系便是其中之一。这种"忧虑"恰如鲍曼所说:"作为人,意味着知道这一切并且对此无能为力甚至知道这种可能。这就是为何作为人必然意味着要体验忧虑。"③ 尤其是在城市中,生存空间的狭小会带来个体的"忧虑"情绪,这种情绪的背后机理正是个体对存在的不确定性。为了寻求某种确定性,人们不惜戴上"专业化"枷锁,接受代理人的意愿,逐渐让渡自身的权力,最终成为整

---

① 陈学明.资本逻辑与生态危机[J].中国社会科学,2012(11).
② 马克思.资本论:第1卷[M].北京:人民出版社,1975:834.
③ 齐格蒙特·鲍曼.生活在碎片之中——论后现代道德[M].郁建兴,周俊,周莹,译.上海:学林出版社,2002:116.

体的一部分。接受集体化规训便成了现代人的"共识"。如果某人在社会化之初就拒绝同质化的教育模式，便要承担被大众视为"他者"的风险。为了避免这种情况，个体终其一生都将为获得集体的承认而斗争，在社会化中获得被承认的"意义"。

"忧虑"情绪的传染类似于社会化的影响，因为它蕴含在人与人、人与社会的关系中。马克思则将这种社会化奠基于劳动的对象化活动中，齐美尔却侧重心理学的模仿。人们通过心理学系列的可信性和范畴解释同外在的可察觉的事物达成社会化理解。这种被理解的社会化的过程在杜尔克姆看来是"体验被解放之感"，是"从没有思想的盲目体力之中"[1] 解放出来。通常来说，凭借社会无限性能够克服个体的有限性，为个体争取更多的自由发展空间。然而，个体走向集体的过程却带来了更多的问题，比如个体的社会化过程同时也是个性的拉平过程，个性发展的同时也取消了个性本身，这在齐美尔看来，是社会无法克服的悲剧之一。

不仅如此，在城市中，个体的忧虑情绪存在着被公众消费的风险。对于城市个体来说，"公众空间不过是一块巨大的屏幕"[2]，个体的忧虑被投射到屏幕之上，从而在公众的空间中失去了自身的秘密。一方面，公共空间中越来越没有公众问题，广场成了人们集会对话以便讨论个人忧虑的场所。据希罗多德记载，伟大的波斯国王居鲁士将典型的希腊中心广场描绘为"在城市中心集会的地方，他们聚集到一起发誓诅咒，相互欺骗"[3]。另一方面，个人隐私在大众中无处遁形，成为新的消费

---

[1] 安东尼·吉登斯. 社会的构成 [M]. 李康，李猛，译. 北京：生活·读书·新知三联书店，1998：115.
[2] 齐格蒙特·鲍曼. 个体化社会 [M]. 范祥涛，译. 上海：上海三联书店，2002：131.
[3] 齐格蒙特·鲍曼. 共同体 [M]. 欧阳景根，译. 南京：江苏人民出版社，2003：14.

方式。社会中流行的"丧"和"佛系"等亚文化形式就是它的种种表现。

由上可知，忧虑是城市现代人的基本方式，是克服个体与社会紧张关系的一种情绪调节方法，是空间中个体确证自身存在的一种显现手段。尽管这种显现手段通常以一种紧张的方式存在于对象化活动中，但仍然可以看作一种被动克服城市中个体与集体纠葛的有益"实践"手段。

（三）流动性与固定性的组织方式断裂

城市社会学家们将城市首先看作一种空间形式不无道理，无论如何，空间都是城市存在的第一属性。但这并非刻意强调城市的"罐子"属性，恰恰相反，城市通过空间的外在形式将内容固定下来，以获得稳定的形态。这个过程如齐美尔所述："空间对于社会的形态的第三个重要意义在于空间使它的内容得以固定化。"①

对于城市社会来说，集体的"固定化"意味着牢固的社会秩序和行为规范，它随着社会化程度的加快逐渐"硬核化"。举例来说，集体生活更有利于道德的产生，对于离群索居的个体无所谓道德，因为只有在群体中，奉献和索取才有意义。与之相比，个体的良善仅仅是不被承认的偶然性。尽管固化的标准和体系为城市带来了繁荣，吊诡的是城市的繁荣本身体现为一种剧烈的生长过程，它要求不断地打破边界，这种不稳定的流动特征，开启了重塑一切的可能性。

个体的流动特征具有多种组织方式。一方面，表现为空间的迅速融合与分离。交通方式的变革打破了城市中固定的交往关系，个体与个体、个体与集体交往的空间和时间都尽可能地被压缩，保证了社会的高

---

① 齐美尔. 社会是如何可能的：齐美尔社会学文选[M]. 林荣远，译. 桂林：广西师范大学出版社，2002：123.

效与便利；另一方面，表现为个体身份的不确定性。在城市中，"个人的身份仍然是尚未确定的、漂浮和'流动的'，如同它在这个社会中的状态"①。伴随着强有力的"固定机制"的影响，"身份变得更加令人讨厌和头痛"②。本质上，个体身份依赖于它所处的社会关系的建构。集体的规训作用让个体意识到自身行动的可能性界限与范围，通过嘉奖或惩罚的方式形成个体记忆与社会身份，这种方式通常被称为社会的"教化作用"。正向的教化能够塑造个体的行为方式并引导其向积极的方向发展，负向的教化则带来个体的"忧虑"。然而真正的事实是统一的社会模式并不能满足个体的多样性需求，单独强调任何一方所带来的风险已不仅仅是断裂问题，而是对立问题了。关于其处理方式，吉登斯决定采用一种辩证的方法来看待个人与社会、现实与理想、个体与整体的对立关系，通过一种"实践意识"来达成社会共识，"使人在社会中的定位即社会这棵大树在个人心目中生根成为可能"③。

对于现代性背景下的城市社会来说，二者的断裂导致了社会关系的模糊与复杂，使单一属性的个体身份与同质化的社会身份难以相容，这无形中为现代人寻找解决认同困境的出路增加了难度。城市社会中，个体与共同体的断裂问题亟待解决。

三、超越路径：构建"城市共同体"

城市社会中个体与集体的断裂召唤着超越的可能性。为了避免让"城市共同体"仅仅成为一种盲目地"断言"的风险，有必要首先厘清

---

① 齐格蒙特·鲍曼. 生活在碎片之中——论后现代道德[M]. 郁建兴，周俊，周莹，译. 上海：学林出版社，2002：123.
② 齐格蒙特·鲍曼. 生活在碎片之中——论后现代道德[M]. 郁建兴，周俊，周莹，译. 上海：学林出版社，2002：123.
③ 马克斯·韦伯. 韦伯作品七——社会学的基本概念[M]. 顾忠华，译. 桂林：广西师范大学出版社，2005：8.

断裂困境发生的可能性问题。

一方面,城市是空间的社会表达形式。康德曾经将空间界定为"待在一起的可能性"①,但凡存在就会被填充,对于一个共同体来说,个体与个体填充的便是城市。如果没有空间,就没有相互作用,不同的事物之间就不能发生关系,人和人永远只是孤立的、片面的个体。在马克思看来,这种片面的人是不存在的,正如经典"人的本质不是单个人所固有的抽象物,在其现实性上,它是一切社会关系的总和"②所表述的,脱离社会关系的个体只不过是人的抽象本质,个体与共同体具有天然的联系,社会化联系发生的最恰当表现即为城市,共同体以堡垒的形式出现③,恰好符合城市发展之初的"安全"要素。但是"并非有着任何特质、共同情境或行为的共同模式便意味着一个共同体关系的存在"④,实践同样在城市中扮演着重要角色。

另一方面,城市中蕴含着共同体的实践对象。启蒙运动以来,对个体和人性的过分颂扬已然在现代社会中转化为个人主义的浅见。"每个人是每个人的一切""人人为我,我为人人"⑤等口号似乎让个体成了洪水猛兽般的破坏性事物,然而,正像布坎南所看到的:"'个体'这个术语在真正的有机体概念中没有多少位置,单个的人成了更大且更有意义的有机体的组成部分。"⑥ 在历时态与共时态共同交汇的城市社会

---

① 齐美尔. 社会是如何可能的:齐美尔社会学文选[M]. 林荣远,译. 桂林:广西师范大学出版社,2002:293.
② 马克思,恩格斯. 马克思恩格斯文集:第1卷[M]. 北京:人民出版社,2009:505.
③ 布坎南·塔洛克. 同意的计算——立宪民主的逻辑基础[M]. 陈光金,译. 北京:中国社会科学出版社,2000:11.
④ 米歇尔·福柯. 必须保卫社会[M]. 钱翰,译. 上海:上海人民出版社,2000:57.
⑤ 爱德华·格莱泽. 城市的胜利[M]. 刘润泉,译. 上海:上海社会科学出版社,2017:29.
⑥ 爱德华·格莱泽. 城市的胜利[M]. 刘润泉,译. 上海:上海社会科学出版社,2017:29.

中，个体作为共同体的一部分，个体的自由是共同体的目标和动力，同时，共同体的发展是个体的劳动对象。不仅如此，城市空间的改造与更新在个体的日常实践活动中变成现实，在这个层面上，城市本身不仅包含着共同体实践的对象，甚至如列斐伏尔所说成为对象本身。

姑且将以上看作城市作为共同体的必要条件，更为深刻的意蕴还需继续探索。毕竟建构"城市共同体"的困难还远不至此。正如很难界定社会的含义一样，建构"城市共同体"面对相似的困境。通常的想法是将城市理解为一个"社会"（Society）或者"集合体"（Community）。然而，理解一旦被确定化，"社会"和"集合体"蕴含的固定形式将产生消极作用，即个体与集体的断裂。事实上，对于城市来说，它从来都不是一个无问题的单一的整体。城市的系统论看法，即将城市看作统一的整体，按照部分切割的方式研究就显得不适宜，对城市阶层的划分就是运用系统论的突出表现。当然这种误解同样适用于辩证法，马克思主义的辩证法导致了对"经济的"这个好端端的词的令人误解的作用，经济地位是阶级冲突的根源。然而，对于同样注重经济因素的共同体来说，所要消灭的从来都不是贫穷的人，而是贫穷本身。任何事实上的割裂行为都不符合提出"城市共同体"的初衷。

不仅如此，关于"社会"的讨论还应防范"城市共同体"沦为"完美的敌人"[①]的风险。例如：当人们在谈论某某可被称为共同体时，不得不考虑它要确立哪一种共同体抑或它想贬低哪一种个体？共同体已然演化为包裹着断裂的集合体的虚假形式，是应当被克服的具有完美形式的"敌人"。所以，谈论共同体的合法性应当来源于哲学而不是科学，这意味着共同体概念是可商榷的、反思的、多维的。相反，共同体

---

① 迈克尔·欧克肖特.政治中的理性主义[M].张汝伦，译.上海：上海译文出版社，2004：9.

则容易化约为科学式的断言和一劳永逸的理论结构，这对于弥合二者的断裂毫无意义。

　　走出个体与共同体的迷雾并不困难，尤其是借助城市的具体意象，共同体摆脱"虚幻的形式"在某种程度上变得可行。马克思所批判的"虚幻的共同体"以阶级国家的形式，剥夺了个体自由。国家将普遍利益的实现转嫁为个体的普遍的控制关系，最终成为形而上学的共同体。以城市为代表的天然共同体则克服了这种困境，借助吉登斯的说法："人与人的共同在场（Co-presence）是互动的基本条件。"[1] 由时间与空间的交汇固定下来的场景形成了城市，它无时无刻表现为"在场"交往方式。一方面，"城"提供了个体的交流空间，如广场、餐厅、商场等地方；另一方面，"市"提供了个体的交换方式——"买卖"。城市的神奇之处就表现为一旦人们进入城市，便自然而然地坠入了交往关系，成为"在"的一部分，尽管人不过是以个体的形式参与其中，但并不妨碍这个显而易见的事实："坠入"过程本身比任何刻意的实践活动都要轻松得多。

　　回到问题之初，正如爱德华所述："无论一座城市的起源是多么的普通，城市的聚集都有可能产生神奇的效果。"[2] 然而在城市发展中却产生了分裂现象。这里不禁要问，城市中个体与共同体的断裂问题难道仅仅是一个被意识到的假问题吗？实际上，人类行为的"私人性"行为早已有之，"要成为一个个人的倾向的出现是近代欧洲历史上最突出的事件"[3]。只不过在现代性主导的城市中呈现了远比以往激烈的表现。

---

[1] 马克斯·韦伯. 韦伯作品七——社会学的基本概念［M］. 顾忠华，译. 桂林：广西师范大学出版社，2005：8.
[2] 爱德华·格莱泽. 城市的胜利［M］. 刘润泉，译. 上海：上海社会科学出版社，2017：132.
[3] 马克思，恩格斯. 马克思恩格斯选集：第1卷［M］. 北京：人民出版社，2012：92.

这又导致了一种更为流行的误解，即城市中出现的问题来自城市本身，城市带来了个体的贫困、异化乃至分离问题。事实难道不是刚好相反？格莱泽认为："城市中存在的贫困现象，体现了城市的优势，而不是劣势。"① 城市的繁荣具有吸引周围贫困人口的能力，城市的发展是减轻贫困的一个重要途径。以上种种误解使构建"城市共同体"的提出变得紧迫，而其超越路径就蕴含在"城市共同体"本身的生成与构建中。

首先，城市是人的内在本质的外在超越对象。城市作为一种物的表现印证了人的本质，反过来，人的本质受到所居住环境的影响，建设什么样的城市对个体的塑造十分重要。按照马克思的看法，对于真正的共同体，"各个人在自己的联合中并通过这种联合获得自己的自由"②。因此，城市作为一种类生活的具体空间有必要体现人的自由本质和联合诉求。"城市共同体"的设定便恰当地表达了人对自我本质的内在追求。

其次，"城市共同体"所蕴含的辩证思维弥合了个体与共同体的断裂困境，是对静止、抽象的形而上学思维的超越。这不是简单地对集体中的个体进行合并同类项活动，也并非以个体数量的多寡作为决定力量的权衡问题。本质上，"城市共同体"克服的就是"大众人"的倾向，大众人并不是他的人数，而是他那类人的支持使他的性情更坚定，"'大众人'只允许其他人与他自己完全一样，将一模一样的信仰和行为强加给所有人"③。"城市共同体"打破了传统的一与多的形而上学观，以人的本质为二者的基点，对人的自由本质的追求，将个体与共同体重新汇聚于城市当中，体现了人对城市美好生活的追求。

---

① 爱德华·格莱泽. 城市的胜利 [M]. 刘润泉, 译. 上海：上海社会科学出版社, 2017, 47.
② 马克思, 恩格斯. 马克思恩格斯选集：第1卷 [M]. 北京：人民出版社, 2012：199.
③ 迈克尔·欧克肖特. 政治中的理性主义 [M]. 张汝伦, 译. 上海：上海译文出版社, 2004：95.

最后，"城市共同体"本身代表着对资本主义城市意识形态的超越。对于以财产所有权为核心要素的经济型城市来说，个体与共同体的断裂转换为私有财产与共同财产的物质利益冲突。城市不仅仅是一种空间的组织形态，更是人类社会的组织形态之一。从历时态的维度来看，对"城市共同体"的追求表达了对社会形态的未来期待。从共时态的维度出发，则代表对马克思预言的关于人类联合的愿望的实现可能。这种期待在城市的发展中越发地显示出可能性，它绝不是资本主义意识形态的城市经济学与环境学，相反，它蕴含着更为深远的社会意义，即对共产主义的追求与向往。

总而言之，"城市共同体"作为"人类命运共同体"的子命题，是现时代实现人类命运共同体的具体路径。它所表现出来的对个体与集体、历史性与共时性、地方性与全球性的关怀是对哲学理论走向现实的呼应。"人类命运共同体"对应国与国的关系，"城市共同体"对应城市与城市的关系。二者处理的个体与共同体关系本质上是一致的，即基于人的自由本质的实现和美好生活的追求目标。因此，"城市共同体"理念与"人类命运共同体"理论一脉相承，是在全球化、城市化背景下个体与共同体关系的有效超越路径。任何基于分化思维的"社会冲突论"都应当在"人类命运共同体"的美好召唤中重新考量自身。对此，我们应当予以马克思主义哲学的辩证分析方法与现实关照情怀。

第二节 "城市共同体"的呈现样态

城市以空间聚集的方式反映了人的类特性，是人摆脱自然后以社会聚集的方式从事生产的目的性活动。"城市共同体"将人在城市中生活的美好愿望落实到具体实践中，具体展示了城市与乡村（人与自然）、城市与社会（个体与集体）、城市与生产（实践活动）的共同活动。

城市作为文明的最突出产物，是人类实践能力的空间化体现，带来过巨大的财富和发展机遇。然而，伴随着现代社会中城市的盲目扩张，城市建设中的"进步主义"畸形发展观愈发显现，引发了诸多的"空间现代性的迷思"①。涉及"人们应建设怎样的城市？城市中的人如何达到美好生活？"等问题的反思性考察使人们意识到，仅仅将城市看作文明多样性的产物，已无法阐明城市在现代生活中的角色与意义。而引入"共同体"概念，真正使空间的代表——"城市"走入时间的历史唯物主义的视角中，一方面，使城市成为中介物，弥合空间与时间的历史观"断裂"；另一方面，对于指导社会主义城市建设走出"现代性迷思"具有积极的现实意义。

事实上，城市作为一种"共同体"的雏形——"城市联合"早在15世纪以前的欧洲就出现了。作为资本主义前身的城市同盟拥有独立的市政权和武装，他们时常联合起来反抗封建主，其中最为著名的是13至15世纪德意志的"斯瓦比西同盟（Schw Bischer Bund），巩固同盟（Rheinbund）及汉萨同盟（Hansabund）"②。"汉萨"一词源自哥特语"军队"或"连队"，在德语中原意为"堆集"，初指同业公会或行会，后指在国外的德国商人团体，随后逐渐演变为城市汉萨。加入城市汉萨意味着获得商业利益和安全保障的可能，任意逮捕汉萨同盟商人、出售赃物，对同盟失信等行为都将受到汉萨同盟的贸易抵制。在汉萨同盟的集市上，禁止任何非同盟成员的商人进行相互交易。这种保护主义维护了商业特权，垄断了北欧贸易，使城市之间逐渐形成"经济—政治—

---

① 城市问题本质上是空间问题，"迷思"即 myth，是在意识形态的意义上使用的，表征城市建设陷入了进步主义的统治演化的一种意识形态。
② 李达. 李达全集：第14卷 [M]. 汪信砚主编，北京：人民出版社，2016：171.

军事"的利益共同体并且在对抗封建领主的过程中逐渐获得城市自治权。直到今日,基于地缘联系的城市联盟依然存在,比如:京津冀、雄安新区、环渤海、长三角等,相近城市之间文化一脉、人员相亲、协调发展的新局面为"城市共同体"的构建提供了现实基础。

城市反映了人作为类的聚合特性,人类通过共同体的生活方式获得安全感。亚里士多德以城市的自然想象为基础理念,将城市看作一种按照共同体方式生活的有机体。经济史学家将城市看作封闭的经济整体,尽其所能地对外扩张和发展势力。社会学家滕尼斯将城市视为"艺术的普遍的本质"[1],城市的共同体本性表现为对艺术和宗教的追逐,借此维护各行各业同城市的整体关系。城市地理学家们则进一步看到了城市的关系属性,大卫·哈维将城市视为一种社会关系被整理的客观建构,即"关系空间"。伊塔洛·卡尔维诺也写到,城市是由"其空间的大小和它过去的事件之间的关系所组成的"[2]。上海财经大学的陈忠教授试图从文明角度切入城市,提出了"人类命运共同体与城市共同体具有同构性"[3]的论断,等等。空间维度的共同体研究成果为"城市共同体"夯实了理论基础。

不仅如此,正如"人类命运共同体"是马克思"真正共同体"思想的历史延续,"城市"在马克思的历史唯物主义视域中也占有一席之地。一般来讲,城市通常以资本主义剥削关系的"具象化"对象和资产阶级与无产阶级"对立化"场域进入马克思的资本批判语境。特别是共产主义理想在某种程度上化约为对资本主义城市中异化现象的扬

---

[1] 斐迪南·滕尼斯. 共同体与社会——纯粹社会学的基本概念[M]. 林荣远,译. 北京:商务印书馆,1999:91.
[2] 艾拉·卡茨纳尔逊. 马克思主义与城市[M]. 王爱松,译. 南京:江苏教育出版社,2013:8.
[3] 陈忠. 城市社会:文明多样性与命运共同体[J]. 中国社会科学,2017(1).

弃，某种程度上，为未来城市（共产主义）中的人的自由解放提供了参考路标。本质上，城市中个体自由的获得本质上取决于它能在多大程度上屈服于物的力量，对物的力量的扬弃是共产主义实现的最终途径。这符合经典马克思历史唯物主义的论断："生产第一次是随着人口的增长而开始的，生产本身又是以个人彼此之间的交往为前提的，这种交往的形式又是由生产决定的。"①

综上，重提"城市共同体"符合历史唯物主义的基本论断，伴随着生产力发展，展现出不同的样态，是人的实践能力的政治经济学产物。更进一步，城市的自然、生产、社会共同体形式分别对应历史唯物主义中的人与自然（自然向度）、人与人（生产向度）、人与社会（社会向度）的交往关系。而交往作为城市共同体三重向度的"黏合剂"和"原动力"，成为生产和交往的前提，进而在交往实践中，反过来影响城市中人的交往活动。

一、自然向度：摆脱"对立错觉"的城乡观

在处理人与自然关系的时候，一种十分常见的观点无法被忽视，即将自然与乡村的关系过于亲密化，甚至视为一类事物。这种想法不无道理，毕竟与城市相比，乡村中的人对自然（土地）的依赖更为强烈。而城市作为摆脱了土地的人的第二聚居地，本质上体现为人不断克服自然的分离过程。若按此推论，城市便成为完全克服了自然的现实存在物，这就会带来城市割裂乡村（自然）的错觉。一旦城市被指认为官僚主义、资本主义或中央集权的代表，乡村则会沦为前现代的落后产物，马克思在《资本论》中表示："一切发达的、以商品交换为媒介的

---

① 马克思，恩格斯. 马克思恩格斯文集：第1卷 [M]. 北京：人民出版社，2009：520.

分工的基础，都是城乡的分离。社会的全部经济史，都概括为这种对立的运动。"①恩格斯在马克思的基础之上，提出了取消城乡对立现象的想法，认为要彻底消灭城市和乡村的差别，只有过渡到社会主义社会方能实现。由此推论，要理解社会发展和资本主义形成，必须以城乡对立为出发点，没有城乡对立，就无法理解资本主义的产生脉络与发展趋势，"超越"更无从谈起。

今天，城市共同体仍面临城乡的"对立错觉"。城乡对立与马克思批判对象——资本主义一样，不过是沉迷在前现代的二元对立的意识幻觉之中。它将城市与乡村变为单质的对立物，非此即彼是它们的突出特点。然而，真实的情况是在19世纪的欧洲，社会的主要矛盾已经由城乡二元对立转变为城市内部中的资本和劳动的对立。在某种意义上，可以说城市发展中的某些社会问题假借城乡对立的外壳，将这种误解严重化。对于今天的人们来说，沉浸在虚幻的文化形态下美丽乡村景象与接近以往理解的前资本主义的乡村相比更为容易，然而这毕竟是两种完全不同的事物。令人期待的乡村已经成为现代化的产物，优美的风景、便捷的交通和网络使乡村变为城里人逃离日常冗杂的出口，乡村成了另一种类型的城市——"明日的田园城市"。

城市在促进物质、文化繁荣和社会进步方面发挥了重要作用，是人类脱胎于自然，进入文明的里程碑。同时，自然在城市建设中也扮演了重要角色，为城市建设提供了孕育性物质基础。在马克思的历史词典中，人与自然的关系是"第一个需要被确认的事实"②，即"这个人的

---

① 马克思，恩格斯. 马克思恩格斯文集：第1卷[M]. 北京：人民出版社，2009：390.
② 马克思，恩格斯. 马克思恩格斯文集：第1卷[M]. 北京：人民出版社，2009：519.

肉体组织以及由此产生的个人对其他自然的关系"①。人与自然的第一次交往就是不"平等"的，人倚赖自然的馈赠，获取必要的生活能量，最终在严苛的自然环境中存续生命。马克思意识到自然的重要性，并将此作为历史唯物主义的产生基础。在他看来，人与自然的关系绝不是"实体"和"自我意识"的理论抽象。相反，只有当人们在无数次跌倒中终于学会了工业社会中"人和自然统一"命题的时候，二者的共生关系才能逐渐显现。

面对由人与自然的冲突困境引发的生态危机使得今天对"城市共同体"自然向度的探索十分必要。一方面，在"对立错觉"中摆正了自然（环境）的位置。在城市发展中，尽管存在"斗争"尝试，其结果往往是自然环境与城市繁荣的两败俱伤。城乡的"对立错觉"作为城市进步的相反的力量，最终抑制城市发展；另一方面，保证城市与自然始终处于共生关系中。当人们愈发脱离土地（自然），会带来瞬时生命意义的迷失。传统中国人对家的眷恋引导着他们自然而然地对田园乡村的歌颂，因为乡村本身就蕴含着家的最初意义——扎根泥土的"在"世之感。对于现代人来说，家既是漂泊灵魂的处所，又是精神的栖居之地，在充满"丧失感"的现代人看来，故乡便是永不能忘的精神家园。所以，处理好城乡关系是衡量城市发展潜力的重要标准，同时也是构建"城市共同体"的重要一环。二者关系恰如霍华德所说"城市和乡村必须成婚，这种愉快的结合将迸发出新的希望、新的生活、新的文明"②。

二、生产向度：超越"物物交往"的现实异化困境

厘清了城市与乡村的关系后，我们发现，真正的事实在于，一旦生

---

① 马克思，恩格斯．马克思恩格斯文集：第 1 卷［M］．北京：人民出版社，2009：519．
② 埃比尼泽·霍华德．明日的田园城市［M］．北京：商务印书馆，2016：17．

产活动开始聚集，城市便随之脱离乡村，"城市共同体"便克服了人与自然的依赖关系，相反，集中于城市中人与人的生产交往关系。因为城市不仅仅是人的共同生产活动的发生处所，也塑造了人的共同生产活动本身。按照芒福德的看法，人类始终在游动和定居两种生存方式间摇摆，定居带来了领地（觅食、择偶、繁衍）。然而，"个人把自己和动物区别开来的第一个历史行动不在于他们有思想，而在于他们开始生产自己的生活资料"①，毫无疑问，人类拥有生产生活资料只有在固定的领地中才能生产，"人们生产生活资料的同时间接地生产着自己的物质生活本身"②。同样，城市作为聚集后的生产体，它不仅产出生产资料，也以自身的方式塑造着生产方式，是一种以生产聚集为基础，依赖分工的生产交往活动。具体表现为：抛弃了以家庭为单位的小农式生产，转变为根据生产性质和劳动产物而精确划分的福特式生产。在城市的工厂中，每个人都成为生产线上的一部分，片面地输出自身劳动力以满足大工业生产的效率要求。这种生产方式十分符合城市的气质，因为对于一座城市来说，高效是唯一特点。与传统分工不同，城市的生产活动是基于共同生产活动的分工行为，本质上是一种共同体的生产活动方式，这符合原初生产力的含义："一定的生产方式或一定的工业阶段始终是与一定的共同活动方式或一定的社会阶段联系着的，而这种共同活动方式本身就是生产力"③，生产力是衡量一座城市是否欣欣向荣的首要标准。

然而，强调效率的生产交往活动，对城市繁荣来说是福祉，对人类交往来说则是灾难。特别是在既保证城市繁荣又处理好城市中人与人关

---

① 马克思，恩格斯. 马克思恩格斯文集：第 1 卷 [M]. 北京：人民出版社，2009：519.
② 马克思，恩格斯. 马克思恩格斯文集：第 1 卷 [M]. 北京：人民出版社，2009：519.
③ 马克思，恩格斯. 马克思恩格斯文集：第 1 卷 [M]. 北京：人民出版社，2009：532.

系的问题上,达成一致尤为困难。实际上,解决这项难题,并不容易。一方面,"社会集体的疾病,在农村中是慢性的,而在大城市中就变成急性的了"①。剧烈变化的时空压缩让城市中原本的社会关系变得错综复杂,对新关系的适应更为困难。另一方面,在于城邦独特的精神气质,"城市,始终弥漫着一种强烈的争胜精神"②。优胜劣汰是城市丛林中的唯一法则,高效、"智慧"③的城市促使任何不合城规的人最终都以一种悲壮的方式结束城市的命运。其后果也是显而易见的,基于货币关系的"算计"令交往关系发生突变,使城市中人与人的关系时常处于紧张与排斥状态。究其原因,现代城市的生存方式将人的交往强化为物的交往,一旦人脱离物的交往返回人的交往的时候,将带来人的排斥反应。极端情况下,齐美尔担忧的个体的厌世态度出现了。在1900年的柏林,城市已然变为货币的温床,都市生活的危险最终使人们失去了分辨能力。对于个体"有益"的便全然接受,对于个体"无益"的便一并拒绝,人对物的病态依赖关系和人对人的疏离感、排斥感和厌世感在货币的润泽下产生了。

  实际上,城市中基于生产的交往本质上是物的交往。城市建立伊始,物的交往带来繁荣。不仅如此,"城市的空气使人自由"④。城市作为新兴的人的聚集之地,让人们感受到前所未有的自由之感。然而,这并不意味着"物的交往"能够代替"人的交往",特别是对构建"城市共同体"来说,一座美好城市的首要目的便是克服人与物的关系。它

---

① 马克思,恩格斯.马克思恩格斯文集:第1卷[M].北京:人民出版社,2009:532.
② 汉娜·阿伦特.人的境况[M].上海:上海世纪出版集团,2014:26.
③ 汉娜·阿伦特.人的境况[M].上海:上海世纪出版集团,2014:436.
④ 中世纪德意志谚语,原意为:只要农奴逃到城市里居住超过101天,他就是自由的了,即使他的主人也不能再抓他回去,这就是"城市的空气使人自由"一语的由来。

意味着生命个体互相尊重，平等而友爱地成为共同体中的一员，温暖的邻里关系，和谐的同事关系，美满的家庭关系等是具体表现。基于广义的人的概念的人与人的关系和谐有序地交织在公共空间中，如广场、办公室、庭院、市政厅等，构成"城市共同体"的基本单元。凡有益于"城市共同体"发展的人都应当被列为考察对象，依据阶层分化和产能高低的"驱逐"行为本质上将人"产能化"。依据产能高低划分商品的优劣，"高端"劳动力获得更多"维护成本"，而作为"次品"的"低端"的劳动力则被淘汰。然而，人们似乎忘记了一个事实，只要人还是有死的存在物，"高端"终会走向"低端"，最终结果是全体人的"驱逐"与淘汰。而对于一座挂满"劳动力"售价标签的城市来说，它终究会成为"死城"（The Dead City）[1]。"物的交往"在对城市的浸染深度和广度，某种程度上，已远甚于马克思和恩格斯的伟大预见了，这使得人们对"城市共同体"的呼唤更为紧迫。

三、社会向度：扬弃"虚假共同体"的未来城市愿景

谈及社会向度，有必要厘清"城市共同体"与"城市社会"二者的差别。人们对后者更为熟知，其原因是对城市社会性探索与"城市是否属于市民社会"的问题相混淆。比如，齐美尔就试图把非个人理性作为根本性制度拉回市民社会中，继而探究城市领域中"理性面具"人的焦虑问题。或许，困境本身可以借用"社会"与"共同体"二者的差异来说明。二者的不同正如滕尼斯所言："在共同体里，尽管有种种的分离，仍然保持着结合；在社会里，尽管有种种的结合，仍然保持着分离。"[2] "城市共同体"尽管借用了"共同体"的部分名号，但并

---

[1] 迈克·戴维斯. 死城 [M]. 李钧, 等译. 上海：上海书店出版社, 2011: 2.
[2] 斐迪南·滕尼斯. 共同体与社会——纯粹社会学的基本概念 [M]. 林荣远, 译. 北京：商务印书馆, 1999: 95.

不强调一致的行动，相反它十分注重人与人之间的共性，强调基于共性的差异性，号召共同体的结合能产生大于个体的力量。面对被充分现代化的"城市社会"来说，对多样化和个体化的强调与对共同力量的强调本身存在着异质性。它表现为与个体的冲突，"人人都处于同一切其他人的紧张状态之中，他们的活动和权力的领域相互之间有严格的界限，任何人都抗拒着他人的触动和进入，否则将被视为敌意"①。不仅如此，在私人领域和公共领域分明的城市中，它面临的一个意想不到的理论危机是任何对统一意志的颂扬都会成为被批判的对象。在运作过程中，作为强势力量渗入城市的资本，会影响社会共同力量的最初目的和最终判断，最后的结果是导致交换行为在统一意志下陷入资本逻辑的窠臼。

事实上，城市（City）与文明（Civilization）关系十分密切，它们拥有相同的拉丁词根 Civis②，而文明的原初含义即为"城市中的居民"，这是一种"在"的关系，人在城市中生活即意味着在公共领域生活，进而满足了人的交往本性。这种"人"被马克思称为"现实的历史的人"③，作为历史唯物主义的基础概念，现实的人概念意味着思辨历史的终结，"现实的历史的人"具有两种特点：一方面，"现实的、可以通过经验观察到的、在一定条件下进行的发展过程中的人"④；另

---

① 斐迪南·滕尼斯. 共同体与社会——纯粹社会学的基本概念 [M]. 林荣远，译. 北京：商务印书馆，1999：95.
② 文明（Civilization）一词源于拉丁文"Civis"，意思是城市的居民，其本质含义为人民生活于城市和社会集团中的能力。引申后意为一种先进的社会和文化发展状态，以及到达这一状态的过程，其涉及的领域广泛，包括民族意识、技术水准、礼仪规范、宗教思想、风俗习惯以及科学知识的发展等。
③ 马克思，恩格斯. 马克思恩格斯文集：第1卷 [M]. 北京：人民出版社，2009：528.
④ 马克思，恩格斯. 马克思恩格斯文集：第1卷 [M]. 北京：人民出版社，2009：525.

一方面，作为"社会化的人类"①是新唯物主义的立脚点。公共空间作为自然人完成"社会化"的重要因素，在市民社会中即表现为"城市"形态。但这又带来了更多的疑问，作为自由个体的人是否受到公共领域的城市的规训？依据齐美尔的论述，这个问题确实存在且不易解决，甚至常常因为控制过度引发人的精神失常。具体表现为，城市中巨大的广告牌、五彩斑斓的灯箱和无处不在的显示屏使人们的注意力处在弥散的、钝化的、笨拙的状态，最终导致精神世界的错乱，这也是后现代主义对城市中人的境况的批判要点之一。由此看来，"城市共同体"中人与城市的公共关系包含两个方面：第一，私人空间与公共空间的关系，它外在表现为人进入城市公共空间中的多种存在样态，包括拘谨的、开放的、踌躇的、接纳的、不安的等多种城市人的心理状态。内在则显示为个体与个体生存空间的争夺和个体生存空间和群体公共空间的冲突；第二，这种关系表现为个体经验与群体经验的异质性的问题。交往意味着个体出让自身的一部分以适应群体特征。而在城市中，按照齐美尔的看法，货币经济中一个突出的特点是"算计"，这无疑会篡改个体经验的独特性，带来千篇一律的城市景观以及失去自由的原子式个人。

城市的社会性来源于它的本质即城市是人发生交往关系的处所、过程和结果。按照马克思的看法，城市是由"建立在个人全面发展和他们共同的社会生产能力成为他们的社会财富这一基础上的自由个性"②组成的。共同的社会生产能力意味着劳动对于一个城市来说是如此的基础和重要，以至于人作为城市发展的主体，只有实现个体性与社会性的

---

① 马克思，恩格斯. 马克思恩格斯文集：第1卷［M］. 北京：人民出版社，2009：506.
② 马克思，恩格斯. 马克思恩格斯全集：第30卷［M］. 北京：人民出版社，1995：107.

统一，才能使"每个人的自由发展成为一切人自由发展的条件"①。"城市共同体"使每个人都意识到超越个人的集体的力量和这种力量的不可代替性。

更广泛意义上，"城市共同体"的社会性不仅在于城市内部诸个体之间，还包括城市与城市之间的关系。"城市提供了合作的可能，尤其是共同创造作为人类最为重要的创造的知识"。② 探究共产主义社会的城市向度，是当前城市建设中不可忽视的命题，城市是共产主义社会的具体实现形式，建设"城市共同体"符合共产主义社会向往。本质上，共产主义只能在城市的联合中实现。城市作为分工的高级形式已经摆脱了作坊经济的局限性，是生产力发展的较高级阶段。除此之外，"城市共同体"是一种城市中的人的自愿的联合力量，而非排斥的异己力量。人们作为城市中生活的一部分，仅仅借由社会整体的分工活动，是一种片面的、虚假的联合体。"城市共同体"作为现阶段人的真正联合的命运共同体，除了关照经济交往活动，还为城市中人的意义和情感需求留下了空间，最终成为超越依赖关系和交往关系后，以城市中人的社会性发展为最终目标的命运共同体。无法否认，现代城市的诸多问题亟待哲学理论的阐释和指导，城市哲学将成为马克思主义哲学新的出场范式。从人出发，用自然、生产、社会的向度勾勒出"城市共同体"尝试呼唤对人与城市的共同命运关系的重视，越呼唤，越能靠近理想未来，即"让城市真正成为美好生活的期许之地"。

现实层面，将共同体思想引入城市建设，对于弥合城市与城市以及

---

① 马克思，恩格斯. 马克思恩格斯文集：第2卷［M］. 北京：人民出版社，2009：53.
② 爱德华·格莱泽. 城市的胜利［M］. 刘润泉，译. 上海：上海社会科学出版社，2017：228.

城市内部的不均衡发展具有意义。一般来说，城市多以某一突出特点而发展起来，如沿海城市、煤矿城市、西部城市等，这就带来了城市的单一特征的片面发展，譬如煤矿城市多污染等。"城市共同体"强调城市间、城市内部"同呼吸、共命运"的思想底蕴，为城市与城市、城市内部建设间指明了康庄大道，那就是基于人的城市与自然开发、城市与生产建设、城市与社会和谐的未来愿景，对于指导中国城市建设与发展具有重要意义。

总而言之，"城市共同体"的提出，并非简单的头脑抽象，或者刻意塑造某种"命运共同体"以满足抽象目的。因为这恰好是费尔巴哈式的抽象，马克思甚至讥讽费尔巴哈不知道"人与人之间"还有什么其他的"人的关系"。同时，我们更不必将"共同体"乌托邦化，视为难以达到的虚幻目标，相反，依循历史唯物主义路径，"城市共同体"本身拥有丰富的具体内涵和理论向度，是马克思主义哲学的当代出场形式。尽管在问题研究的最后，城市建设中的某些"幻觉"依然存在，这仍需另做研究。

第三节 "城市共同体"的治理路径

尽管在第三章中，我们已将建筑、街道、广场等客体要素引入对城市的整体印象当中，但这并不意味着对城市进行拼贴式理解的正当性。特别是当人们研究一个事物的时候，总是习惯性地将事物分门别类，进而对某一类别进行梳理和总结，最后才综合而成一个整体印象。当然城市也离不开这样的分析方式，但这并不意味着城市就是一个由建筑、街道和公共广场等客体要素拼贴而成的产物。相反，城市是一个颇具综合感的系统。仅仅以拼接的方式将不同的客体用途聚集在一起，只能如盲人摸象一般，既不能得到城市的"完整印象"，也无法增益人们关于城市的共识。这提示我们，不能将研究城市的分析路径和城市本来的样貌相混同。应该以一种综合的方式审视城市，这一审视方式基于城市治理能力的提升，这将是本章将要解答的核心问题。

一、分工与多样性：城市系统的形成

尽管我们从人与空间的关系层面研究城市，但这并不意味着城市只是一个地理学和生态学的单位，相反，城市具有一定的经济属性。在众多的经济属性当中，尤以分工为重，有学者据此表示："劳动分工就是城市经济组织的基础"[1]。然而，在道德层面，人们又常常责备分工使个人变成了机器，失去了个性。分工越精细，人就越能意识到从集体中分化而出个人利益，分工对集体和社会结构的分解作用就越充分。事实上，人类在分工的同时又能具备协调一致能力，城市各个行业之间保持竞争的同时又协调发展、互为促进，这究竟是什么原因？

众多经济学家和马克思都注意到劳动分工现象，但二者有很大区别。具体而言，亚当·斯密的分工还停留在分工能提高生产别针效率的初级阶段，而马克思对于分工的态度则十分复杂。一方面，马克思表现出对于被分工制约的人的极大同情，在《哲学的贫困中》中，他认为："机器的采用加剧了社会内部的分工，简化了作坊内部工人的职能，集结了资本，使人进一步被分割。"[2] 由此，个体自由陷入了崩坏，大机

---

[1] R.E. 帕克, E.N. 伯尼斯, R.D. 麦肯齐. 城市社会学 [M]. 宋俊岭, 郑也夫, 译. 北京：华夏出版社, 1987: 2.
[2] 马克思, 恩格斯. 马克思恩格斯文集：第1卷 [M]. 北京：人民出版社, 2009: 628.

器生产带来的分工和由分工促进的城市会导致人类道德沦丧等种种恶果。相反，乡村和乡村人则是静谧而高尚的；另一方面，他在批判蒲鲁东的时候，又表示分工是以社会为前提的，以共同的目标、需求、生产等为前提条件。这即是说，马克思反对的是极化了的分工现象以及人被机器支配的不自由状态。在他看来，分工具有一定的社会性，本质上与联合是一个问题的两个方面，二者本身即是具有辩证关系的对象，单独谈起任何一方面，都只能带来无尽的恶果。

以孔德、斯宾塞和涂尔干为代表的社会学家们认识到这一点，他们发现分工与合作的密切关系。孔德第一次提出劳动分工并不是纯粹经济现象的命题，他从分工行为中找到了"社会生活最本质的条件"，即"只有分工才能使人们牢固地结合起来形成一种联系"[1]。这种借由分工的结合不局限于提高经济生产效率，其真正的作用在于分工能改变社会中人们的组合形式，只有分工，人才能摆脱自身的孤立状态，达到联合状态。

我们不妨梳理一下解释分工问题的几种可能：第一，"机械团结说"。涂尔干承认分工所导致的社会离心倾向，这种倾向使得集体意识日趋没落。即使人们因为种种原因结合在一起，也仅仅是机械团结和一种空洞的事实，真正的"有机团结"在目前阶段尚未实现。孔德与涂尔干对于未来的积极态度不同，他直接将分工所导致的集体意识衰弱视为社会的反常现象并予以清除。

第二，"城市系统说"。以美国芝加哥学派的帕克、伯吉斯、麦肯齐为代表的城市生态学家们将城市视为一个以人类社会为主体的自然—经济—社会生态系统。据此研究生态系统内部各个要素之间、城市系统

---

[1] 埃米尔·涂尔干. 社会分工论 [M]. 渠东，译. 北京：生活·读书·新知三联书店，2000：24.

外部与周围环境之间的关系。麦肯齐以生态学方法介入对人类社区的研究，将城市社区进行生态学分类。麦肯齐考虑的"生态学力量"是指通过竞争手段，依据居住分布和职业习惯而形成的人口（邻里社区）逐渐变成范围更大社区中的一部分，由此将自身的命运与更大的社区联系在一起，本质上遵循着一个生态圈不断向更高级别的生态圈的进化过程。帕克也承认"生态体制"中竞争的合理性且表示这种生存竞争决定了城市中人的住所和职业，颇有适者生存的意味。伯吉斯则运用植物生态学概念将城市的扩张运动视为"继承"（Succession）的过程，详指"内层的每一个地区都是由于与之相邻的那个外层区的侵入而拓展着自己的地盘"①。这种倾向带来了城市社会秩序的动态平衡，总的趋势是进步的过程。

芝加哥学派借助生态学研究城市的社会学方法影响深远，但无一例外，他们对于城市系统的自适应性能力都显得十分消极。换句话说，对于城市这个生态系统的调节能力十分担忧。在他们看来，劳动分工后自然形成的城市系统再一次继承了自然界优胜劣汰的法则，而城市社会中的这种竞争观念带来的恶果是社区中的每个成员都被驱使着行事，其内心抱负难以在职业生涯中实现。与此同时，社会、社区对人的职业起到了一定的规训作用。人不能依靠自己的愿望和想法去选择职业，相反，只能根据社会的需要进行专业化的塑造，最终成为社会工厂齿轮中的一部分。这进一步呼应了伯尼斯提到的城市发展概念只是从物质层面而言的②，这种进步是一个"可怕的过程"③。

---

① R.E. 帕克，E.N. 伯尼斯，R.D. 麦肯齐. 城市社会学 [M]. 宋俊岭，郑也夫，译. 北京：华夏出版社，1987：51.
② R.E. 帕克，E.N. 伯尼斯，R.D. 麦肯齐. 城市社会学 [M]. 宋俊岭，郑也夫，译. 北京：华夏出版社，1987：49.
③ R.E. 帕克，E.N. 伯尼斯，R.D. 麦肯齐. 城市社会学 [M]. 宋俊岭，郑也夫，译. 北京：华夏出版社，1987：55.

对于城市的生态学研究只能将城市从人类社区变成动物丛林，将人类的道德、文明与法律置换为丛林生存法则。在崇尚个体的传统西方文明之下，他们难以看到个体与个体之间除了私人利益之外的其他属性。因此，当他们面对由个体聚集形成的都市时，就只能处处以维护私利为集体组织逻辑。而对于存在的第三方治理行为以及最终的"城市共同体"目标就只能抱有怀疑态度，他们宁肯将城市文明史退回到自然进化史，也不愿意承认人与人联合、城市与城市联合以及世界与世界联合的可能性。

究其原因，在西方学者看来，城市是人口聚集而成的，其多样性来自天启。譬如，雅各布斯就表示："大城市的多样性是自然天成的。"[1]然而，对于自然的过分崇尚不过是一种箴言式的慰藉，并不有助于理解城市分工明确且又协调发展的秘密。

第三，存在"第三方协调力量"。这种说法实际上基于社会系统论的研究。对于系统中不同的结构，当集体感情已经无法限制分工所带来的离心倾向时，那么将存在一个"第三方力量"，譬如宗教、政府等单位。在涂尔干看来，"政府机构是随着分工的发展而发展起来的"[2]，不过政府也不能完全保证社会各个功能的有序进行。另一种方法是通过"弄清楚社会需要他工作的目的"并且"把工作和目的结合起来"[3]的方式，以此达到人们循规蹈矩工作的结果。尽管涂尔干提到了客观力量（政府）承担第三方力量的可能性，为我们后续的研究提供了基础。但是，一旦回到个体层面，涂尔干又停留在人一厢情愿

---

[1] 简·雅各布斯. 美国大城市的死与生[M]. 金衡山，译. 南京：译林出版社，2005：157.
[2] 埃米尔·涂尔干. 社会分工论[M]. 渠东，译. 北京：生活·读书·新知三联书店，2000：320.
[3] 埃米尔·涂尔干. 社会分工论[M]. 渠东，译. 北京：生活·读书·新知三联书店，2000：331.

的主观"感觉"层面,他坚信:作为一个有意识的人,人总会懂得他活动的意义所在。

由劳动分工现象所带来的城市系统论研究实际上借鉴了已有的社会学研究成果。社会学家斯宾塞所勾勒的人类社会理想状态实际上是借鉴系统论的[①]。在他看来,整个社会就像人类机体一样,由适合周围条件的不同机能所组成。其中,"每一个机能都有助于所有机能,而所有机能又有助于每一机能"[②]。然而,人不是机器,社会也不是静止不变的,人类本身也并不具有类似机器控制板的能完全协调一致的能力。尽管社会学家努力批判了古典经济学和古典法学基于私利和公益的分工,但他们将个体维系的社会纽带诉诸具有道德特性的集体意识、共同意见和宗教,陷入了社会本质主义。因而,在城市社会中,为了解决由分工所带来多样性特征和分离困境,在研究城市中引入马克思主义哲学的治理研究十分重要。

二、城市治理可能路径

通过上述对社会行为中劳动分工的整理,我们发现在城市中治理行为是客观存在的。治理存在的客观条件指向城市,即分工所形成的文明集合体。在城市集合体中,协调好城市中自由与规范、个体与集体、私利与公益之间的关系是治理的首要目标。当然这一划分思路某种程度上是基于人类常识理解的,这种区分未必合适,它不仅在现实中难以完全区分,引入弥合二元困境的治理方式也承担着对城市的拼贴式理解的风险。因此,还应当基于治理对象和治理过程区分城市治理的不同阶段和不同类型。

---

① 系统论:指系统的各主体都会对外界干扰做出自适应反应,来应对主体相互之间的复杂作用,造就系统的演化路径和结构。
② 赫伯特·斯宾塞. 社会静力学 [M]. 张雄武, 译. 北京:商务印书馆, 1999: 121.

譬如，城市规划过程本质上是一种治理，只不过治理的自然对象属于静态的。这种治理是依据自然特点而行的城市风格营建过程。在城市规划学中，一般来说平原城市横向扩张（如伯尼斯的"同心圆"城市扩张模式等），山地城市纵向生长，形成了依托地理环境的各具特色的城市规划图。这也符合大部分人对于城市的印象，即城市是双维度的。就平面布局来说，城市多以街道为距离单位平铺展开。这种建筑的集合方式令人觉得，城市是一个可随意拆卸和拼合的人工建造物。随着20世纪三四十年代摩天大楼的兴起，城市开始变得有"高度"，城市多彩的天际线（Skylines）代表了欣欣向荣的城市形象。因而，城市所呈现出来的样貌某种程度上就已经正面肯定了治理的成果。

相应地，与前期城市规划治理自然景观不同，后期的城市治理过程则须应对动态的人文现象。鉴于单一的规范体系难以将复杂多变的社会现象囊括其中，这为治理提出了更高层次的要求。

第一，城市治理应当依据事实的科学性。而科学明显是社会生活中最为明确的规范意识，随着社会治理环境的不断变化，治理应依据客观条件不断调整变化。科学意识的引入使治理从权力关系中剥离出来成为可能。治理的科学性指的是科学方法，而非一种被宣称的客观意识。科学性不排斥常识和经验这类有条件的且不完全的真理性总结。科学性也不排斥适用对象的多样性和依赖路径的多元性，它以一种路径开放的规则意识被视为是科学的。

第二，城市治理路径应适应对象的多样性特点。在城市治理的过程中不能依据某种强力意志来治理，而应当根据对象的特殊性，将治理理念与每个人的具体情况结合起来。当然，这种过分细致的针对性在实施中会面临诸多困境，因此，应当强化城市基层自治，逐渐形成"'以社区制为主、街区制为辅'的生活场域和空间体系"①。

第三，城市治理过程应受到规范体系的监督与制约，注意把握治理的限度问题。治理目标、治理过程和治理成果都应置身于社会舆论的氛围中。社会舆论作为一种集体形式和群体力量，有明确的指向性。因此社会主义社会的治理行为和规范体系应受到人们的监督与制约。这意味着治理的限度问题应予以注意，这一"限"不仅指将权力关在舆论的笼子里，而是在一定范围内受舆论监督，使其行之有限。当然也指城市的治理过程应把握系统自调节和外在干涉的界限，鼓励城市进行自我代谢和治愈，以免沦入治理的集权漩涡。

第四，城市治理主体的多元化。城市治理应当在以人为本的基础上，强调治理主体的多元化。多样性是城市活力的衡量指标，治理主体的多元化要求将抽象的伦理精神与多样性的具体个体相结合。在城市中，治理主体不仅包括单个的具体的人。相反，治理主体也具有多重表现形式。譬如，党的十九大强调"加强社区治理体系建设，推动社会治理重心向基层下移"，这表明社区这一空间场域在治理格局中将承担代主体的功能，除此之外，具有制度优势的"单位"也在一定程度上将基于职业划分的不同人聚合在一起，发挥能动作用。个人、社区、单位、街区等都在一定程度上保证了治理主体下移。当然，在此基础上，还应加强个体与个体、个体与社会之间的紧密联系，对于解决多元治理主体在城市中的"共时性矛盾"等潜在矛盾应加以认识与合理预防。

三、回归治理主体的当代任务

有学者将治理视为"各种公共的或私人的个人和机构管理其共同

---

① 吴建南. 城市治理研究：第四卷［M］. 上海：上海交通大学出版社，2019：97.

<<< 第五章 城市社会之现实维度分析

事物的诸多方式的总和"①。城市治理则是治理在城市方面的理论实践，其目的在于使不同的个体利益得以协调并结合在一起采取行动的持续过程。

城市哲学不同于城市地理学、城市规划学等学科的重要特征是彰显了人之为人的主体力量。人的主体力量在现实城市面临重大挑战时将凝聚为以共同意识为内在特征的治理形式。所以，当现代城市建设中狂飙而进的实用主义占据上风并且从经验主义生发而出的工具论方法使得城市研究陷入僵化和离散研究困境时，升级城市治理能力，回归城市治理主体，成了当代城市建设的紧迫任务。

事实上，城市治理主体与城市主体治理能力辩证而统一。城市治理主体强调治理主体的归属权问题，需要界定承担主体的对象身份问题。城市主体治理能力则强调治理能力高低的衡量过程。通常对治理能力的评价以治理目的、治理手段、治理结果等客观标准为参照对象。此外，对治理主体的强调立足于人文主义，以人的主体能力的解放和对治理对象的人本主义批判为致思路径。对主体治理能力的强调，则侧重于主体治理过程中对于客观规律、科学成果的运用过程。二者统一于城市治理的现实过程中。这意味着，城市治理并非某一种治理术的城市应用过程，而是在"城市共同体"中，多元主体与人文关怀和科学规律的协同治理过程。其中，检验城市治理的标准是危机事件带来的治理困境。大城市应对公共安全的治理过程体现了国家乃至城市的治理能力。

在城市的治理活动中，主体具有不同的意涵。第一，主体代表着中心性。通过赋予一个空间中心的方式，将其与在场的不同要素相联系。这个主体用以引导、平衡城市系统，使系统在面对诸多不确定的

---

① 盛广耀. 城市治理研究评述 [J]. 城市问题, 2012 (10).

情况时能够团结其他部分，使整个系统不因为局部问题而全盘崩溃。相反，一种本身无中心的结构将是松散的、低效的，尤其是在局部崩溃的情况时，这种无中心的结构将变得无力与匮乏。尽管"看不见的手""市民精神""新教精神"等在社会组织中发挥过重要作用，但是面对多元而复杂的城市，完全寄希望于城市本身的调节承担着失控的风险。

第二，主体强调了城市治理的主人翁意识。如果说国家治理是现代国家的基本活动，那么城市治理则是城市市民的基本活动。城市治理不是政府的管理，而是与市民的共同管理，市民跃升为治理主体，承担治理责任。以往，主体突破一切外来制约因素的力量十分自信，如今，在改变环境的过程中人对自身的主体力量进行批判性描述，这表明主体在反思行为中主人翁意识的薄发。

第三，主体凝聚了共同意识，而共同意识保证了城市治理中多元主体共同参与、共同治理、共同监督的有序实现。城市社会基于个体所形成的复杂结构化利益冲突使得治理过程并不如理想中那么简单，城市作为基于个体特征的差异系统，在实际活动中，甄别个体差异性与集体共同性的实践活动十分困难。因而，城市中除了政府强力和法律规范外，道德伦理等软性规范往往扮演着重要角色。如果按照西塞罗所说的，国家是基于法权和正义的一致结合而成的集合体，那么，城市的形成则是基于市民精神之下的共同利益。这内在地表明城市的共同利益无法来源于单一个体，否则将陷入霍布斯所说的恐怖的自然状态。城市主体只能植根于市民社会，其鲜明特点要求治理主体从单中心的政府走向治理主体的多元化，以解决市民社会中复杂利益的纠葛。

除此之外，良性的城市治理应兼具人文关怀与科学规律。人文关怀关乎城市治理的目的问题，时刻将人的价值实现置于首位，致力于解决城市社会中个体与共同体矛盾，最终实现建设美好城市的治理初衷。科学性强调治理实践中对事实与规律的尊重。一方面，通过利用科学技术的方式，不断更新城市治理能力，为人类建设城市寻求多种可能性；另一方面，注重系统规律的有机性，将城市不同要素的机械协同转化为有机协同，更好地服务主体治理。

城市治理是国家治理的重要组成部分。"城市群作为国家治理单元是国家治理需求不断发展的结果"①。治理主体从单一政府治理的模式转向多中心多层级协同的治理体系。自治与他治相结合。对于代理机构的信任是现代社会对个人联合所形成的共同力量的信任，个体权力的适当让渡能够形成更具效力的整体力量。

当然，治理过程中应注意治理的限度问题，即警惕对城市的过度治理。之所以重提城市主体的自治过程就在于城市不是保育院，以往"一刀切"的管理标准难免存在种种管理疏漏。不仅如此，主体照管范围过大无益于推进城市自治能力的提升，反而带来了数量庞杂的"代理人"团体，使城市沦为权力意志的"跑马场"。

城市过度治理的风险植根于空间（疆界）与国家的密切关系。因此，空间有必要检视自身与国家形态等政治概念的内在联系，这使空间的治理（城市治理）脱离意识形态成为可能。实际上，关于空间的意识形态分析加剧了国家与国家之间的离析。就空间本身而言，空间内部是同质的，基于同一地域的人便隐含于一种地理的同一性中，继而包含在民族、种族、信仰等意识形态的统一性中。显然，这种基于地理意义上共同生存空间的划分与世界历史的发展进程和日益联系密切的全球化现象相对立。人类就共同地域而形成的共同价值隐含了与其他地域的内

---

① 杨龙，米鹏举. 城市群何以成为国家治理单元 [J]. 行政论坛，2020 (1).

在对抗性。当然，这一对抗性往往被描述为"民族特色"或"悠久传统"，一部分人抗拒全球化的恐怖心理即来源于此。

因此，"城市共同体"在实际的治理过程应在保证城市系统多样性前提下，尽可能地依赖多样主体，激发主体的主动性和创造性，这将是城市未来发展的必由之路。

参考文献

一、著作类

[1] 马克思,恩格斯. 马克思恩格斯文集:第1、3、5、8卷[M]. 北京:人民出版社,2009.

[2] 马克思,恩格斯. 马克思恩格斯全集:第12、30卷[M]. 北京:人民出版社,1998.

[3] 马克思,恩格斯. 马克思恩格斯选集:第4卷[M]. 北京:人民出版社,1995.

[8] 马克思. 资本论:第1卷[M]. 北京:人民出版社,2004.

[9] 亚里士多德. 尼各马可伦理学[M]. 廖申白,译. 北京:商务印书馆,2003.

[10] 康德. 纯粹理性批判[M]. 邓晓芒,译. 北京:人民出版社,2004.

[11] 黑格尔. 美学:第3卷(上)[M]. 朱光潜,译. 北京:商务印书馆,1981.

[12] 莫尔. 乌托邦[M]. 戴馏龄,译. 北京:商务印书馆,1996.

[13] 马克斯·霍克海默,西奥多·阿多诺. 启蒙辩证法[M]. 渠

敬东,曹卫东,译.上海:上海人民出版社,2006.

[14] 约翰·伦尼·肖特.城市秩序——城市、文化与权力导论[M].郑娟,梁捷,译.上海:上海人民出版社,2002.

[15] 斯宾格勒.西方的没落:第2卷[M].吴琼,译.上海:上海三联书店,2006.

[16] 马克斯·韦伯.韦伯作品集Ⅱ:经济与历史·支配的类型[M].康乐等,译.桂林:广西师范大学出版社,2004.

[17] 马克斯·韦伯.城市——非正当性支配[M].阎克文,译.南京:江苏凤凰教育出版社,2014.

[18] 马克斯·韦伯.经济与社会[M].阎克文,译.上海:上海人民出版社,2010.

[19] 大卫·哈维.后现代的状况——对文化变迁之缘起的探究[M].阎嘉,译.北京:商务印书馆,2003.

[20] 大卫·哈维.资本之谜:人人需要知道的资本主义真相[M].北京:电子工业出版社,2011.

[21] 大卫·哈维.希望的空间[M].胡大平,译.南京:南京大学出版社,2006.

[22] 戴维·哈维.叛逆的城市:从城市权利到城市革命[M].叶齐茂,译.北京:商务印书馆,2014.

[23] 大卫·哈维.资本的城市化:资本主义城市化的历史与理论研究[M].董慧,译.苏州:苏州大学出版社,2017.

[24] 瓦尔特·本雅明.巴黎,19世纪的首都[M].刘北成,译.上海:上海人民出版社,2006.

[25] 瓦尔特·本雅明.经验与贫乏[M].王炳钧,杨劲,译.天

津：百花文艺出版社，2000.

[26] 瓦尔特·本雅明. 单行道 [M]. 王涌，译. 上海：华东师范大学出版社，2016.

[27] 海德格尔. 海德格尔选集 [M]. 孙周兴，选编. 上海：上海三联书店，1996.

[28] 海德格尔. 路标 [M]. 孙周兴，译. 北京：商务印书馆，2000.

[29] 海德格尔. 存在与时间 [M]. 陈嘉颖，王庆节，译. 北京：生活·读书·新知三联书店，1987.

[30] 米歇尔·福柯. 宽忍的灰色黎明——法国哲学家论电影 [M]. 开封：河南大学出版社，2014.

[31] 汪民安，陈永国，马海良. 福柯的面孔 [M]. 北京：文化艺术出版社，2001.

[32] 米歇尔·福柯. 规训与惩罚：监狱的诞生 [M]. 刘北成，杨远婴，译. 北京：生活·读书·新知三联书店，1999.

[33] 萨特. 自我的超越性 [M]. 杜小真，译. 北京：商务印书馆，2001.

[34] 萨特. 存在与虚无 [M]. 陈宣良，等译. 北京：生活·读书·新知三联书店，2007.

[35] 斯宾格勒. 技术与时间：1. 爱比米修斯的过失 [M]. 裴程，译. 南京：译林出版社，2010.

[36] 斯宾格勒. 技术与时间：2. 迷失方向 [M]. 赵和平，印螺，译. 南京：译林出版社，2010.

[37] 凯文·林奇. 城市形态 [M]. 林庆怡，陈朝晖，邓华，译.

211

北京：华夏出版社，2001.

[38] 凯文·林奇. 城市意象 [M]. 方益萍，何晓军，译. 北京：华夏出版社，2001.

[39] 多琳·玛西，约翰·艾伦，史蒂夫·派尔. 世界城市 [M]. 杨聪婷，译. 武汉：华中科技大学出版社，2016.

[40] 多琳·马西. 保卫空间 [M]. 王爱松，译. 南京：江苏教育出版社，2013.

[41] E·弗洛姆. 健全的社会 [M]. 孙恺详，译. 贵阳：贵州人民出版社，1994.

[42] 恩斯特·卡西尔. 人论 [M]. 上海：上海译文出版社，2004.

[43] 雅斯贝尔斯. 时代的精神状况 [M]. 上海：上海译文出版社，1997.

[44] 布迪厄，华康德. 实践与反思：反思社会学导引 [M]. 北京：中央编译出版社，1998.

[45] 居伊·德波. 景观社会 [M]. 王昭风，译. 南京：南京大学出版社，2006.

[46] 郎西哀. 图像的命运 [M]. 张新木，陆洵，译. 南京：南京大学出版社，2014.

[47] 吉尔·德勒兹. 时间—影像 [M]. 谢强，蔡若明，马月，译. 长沙：湖南美术出版社，2004.

[48] 卡特琳·哈特曼. 富国的贫困 [M]. 李明瑶，译. 北京：人民日报出版社，2016.

[49] 亨利·皮雷纳. 中世纪的城市 [M]. 陈国樑，译. 北京：商

务印书馆，2006.

[50] 戴维·米勒. 布莱克维尔政治学百科全书 [M]. 北京：中国政法大学出版社，2002.

[51] 亨利·列斐伏尔. 日常生活批判（第2卷）[M]. 叶齐茂，倪晓辉，译. 北京：社会科学文献出版社，2018.

[52] 皮埃尔·布迪厄. 实践感 [M]. 蒋梓骅，译. 南京：译林出版社，2003.

[53] 刘易斯·芒福德. 城市发展史——起源、演变和前景 [M]. 宋俊岭，倪文彦，译. 北京：中国建筑工业出版社，2005.

[54] 芦原义信. 街道的美学 [M]. 尹培桐，译. 武汉：华中理工大学出版社，1989.

[55] 勒·柯布西耶. 走向新建筑 [M]. 陈志华，译. 西安：陕西师范大学出版社，2004.

[56] 简·雅各布森. 美国大城市的死与生 [M]. 金衡山，译. 南京：译林出版社，2005.

[57] 阿兰·B. 雅各布斯. 伟大的街道 [M]. 金秋野，王又佳，译. 北京：中国建筑工业出版社，2009.

[58] 简·M. 雅各布森. 帝国的边缘——后殖民主义与城市 [M]. 何文郁，译. 南京：江苏凤凰教育出版社，2016.

[59] 让-弗朗索瓦·利奥塔. 非人——时间漫谈 [M]. 罗国祥，译. 北京：商务印书馆，2000.

[60] 隈研吾. 新建筑入门 [M]. 范一琦，译. 北京：中信出版社，2011.

[61] 马歇尔·伯曼. 一切坚固的东西都烟消云散了——现代性体

验[M].徐大建,张辑,译.北京:商务印书馆,2003.

[62] 杨·盖尔.交往与空间[M].何人可,译.北京:中国建筑工业出版社,1992.

[63] 菲利普·巴内翰,让·卡斯泰,让·夏尔·德保勒.城市街区的解体——从奥斯曼到勒·柯布西耶[M].魏羽力,许昊,译.北京:中国建筑工业出版社,2012.

[64] 马汀·德·瓦尔.作为界面的城市——数字媒介如何改变城市[M].毛磊,彭喆,译.北京:中国建筑工业出版社,2018.

[65] 诺伯舒兹.场所精神——迈向建筑现象学[M].施植明,译.武汉:华中科技大学出版社,2010.

[66] 考茨基.爱尔福斯特纲领[M].陈冬野,译.北京:生活·读书·新知三联书店,1963.

[67] 爱德华·苏贾.第三空间:去往洛杉矶和其他真实和想象地方的旅程[M].陆扬,等译.上海:上海教育出版社,2005.

[68] 迪耶·萨迪奇.权力与建筑[M].王晓刚,张秀芳,译.重庆:重庆出版社,2007.

[69] 理查德·桑内特.公共人的衰落[M].李继宏,译.上海:上海译文出版社,2014.

[70] 麦克尔·哈特,安东尼奥·奈格里.帝国:全球化的政治秩序[M].杨建国,范一亭,译.南京:江苏人民出版社,2003.

[71] 斯宾格勒.西方的没落:第2卷[M].吴琼,译.上海:上海三联书店,2006.

[72] 安东尼奥·葛兰西.葛兰西文选(1916-1935)[M].北京:人民出版社,1992.

[73] 詹姆斯·C. 斯科特. 弱者的武器 [M]. 南京：译林出版社, 2007.

[74] 马克·布洛赫. 法国农村史 [M]. 北京：商务印书馆, 1997.

[75] 密洛凡·德热拉斯. 新阶级 [M]. 陈逸, 译. 北京：世界知识出版社, 1963.

[76] 萨米尔·阿明. 世界一体化的挑战 [M]. 北京：社会科学文献出版社, 2003.

[77] 乔万吉·阿瑞吉. 亚当·斯密在北京 [M]. 北京：社会科学文献出版社, 2009.

[78] 阿格尼斯·赫勒. 现代性理论 [M]. 李瑞华, 译. 北京：商务印书馆, 2005.

[79] 尼葛洛·庞蒂. 数字化生存 [M]. 胡泳, 译. 海口：海南出版社, 1996.

[80] 丝奇雅·沙森. 全球城市·纽约·伦敦·东京 [M]. 周振华, 译. 上海：上海社会科学院出版社, 2001.

[81] 萨斯基亚·萨森. 驱逐：全球经济中的野蛮性与复杂性 [M]. 何淼, 译. 南京：江苏凤凰教育出版社, 2016.

[82] 马克斯·霍克海默, 西奥多·阿多诺. 启蒙辩证法 [M]. 渠敬东, 曹卫东, 译. 上海：上海人民出版社, 2006.

[83] Tim Cresswell. 地方：记忆、想象与认同 [M]. 徐苔玲, 王志弘, 译. 台北：群学出版社有限公司, 2006.

[84] 迈克·戴维斯. 布满贫民窟的星球 [M]. 潘纯林, 译. 北京：新星出版社, 2009.

[85] 约翰·里德. 城市 [M]. 郝丛笑, 译. 北京：清华大学出版

215

社，2010．

［86］R.E. 帕克，等. 城市社会学：芝加哥学派城市研究［M］. 宋俊岭，郑也夫，译. 北京：商务印书馆，2012．

［87］贝淡宁，艾维纳. 城市的精神——全球化城市，城市何以安顿我们［M］. 吴万伟，译. 重庆：重庆出版社，2012．

［88］罗伯特·阿尔特. 想象的城市——都市体验与小说语言［M］. 邵文实，译. 南京：江苏教育出版社，2013．

［89］约翰·伦尼·肖特. 城市秩序——城市、文化与权力导论［M］. 郑娟，梁捷，译. 上海：上海人民出版社，2015．

［90］艾伦·哈丁，泰尔加·布劳克兰德. 城市理论：对21世纪权力、城市和城市主义的批判性介绍［M］. 王岩，译. 北京：社会科学文献出版社，2016．

［92］苏珊·S. 费恩斯坦. 正义城市［M］. 武烜，译. 北京：社会科学文献出版社，2016．

［93］彼得·霍尔. 文明中的城市［M］. 王志章，等译. 北京：商务印书馆，2016．

［94］彼得·马库塞等. 寻找正义之城——城市理论和实践中的辩论［M］. 贾荣香，译. 北京：社会科学文献出版社，2016．

［95］丹尼尔·约瑟夫·蒙蒂，迈克尔·伊恩·博雷尔，林恩·C. 麦格雷戈. 城市中的人和地方——城市、市郊和城镇的社会学［M］. 杨春丽，译. 南京：江苏凤凰教育出版社，2017．

［96］马克·戈特迪. 城市空间的社会生产［M］. 任晖，译. 南京：江苏凤凰教育出版社，2017．

［97］迈克·戴维斯. 死城［M］. 李钧，等译. 上海：上海书店出

版社, 2011.

[98] 刘易斯·芒福德. 城市发展史：起源、演变和前景 [M]. 北京：中国建筑工业出版社, 2005.

[99] 斐迪南·滕尼斯. 共同体与社会——纯粹社会学的基本概念 [M]. 林荣远, 译. 北京：商务印书馆, 1999.

[100] 亚当·斯密. 国富论 [M]. 郭大力, 王亚南, 译. 北京：商务出版社, 1972.

[101] 威廉·J. 米歇尔. 比特城市——未来生活志 [M]. 余小丹, 译. 重庆：重庆大学出版社, 2017.

[102] 爱德华·格莱泽. 城市的胜利 [M]. 刘润泉, 译. 上海：上海社会科学院出版社, 2017.

[103] 皮埃尔·布迪厄. 区分：判断力的社会批判：上册 [M]. 刘晖, 译. 北京：商务印书馆, 2017.

[104] 唐·米切尔. 城市权：社会正义和为公共空间而战斗 [M]. 强乃社, 译. 苏州：苏州大学出版社, 2018.

[105] 德勒兹, 加塔利. 资本主义与精神分裂（卷2）：千高原 [M]. 姜宇辉, 译. 上海：上海书店出版社, 2010.

[106] 吉奥乔·阿甘本. 生命的政治化：第二辑 [M]. 严泽胜, 译. 桂林：广西师范大学出版社, 2005.

[107] 吉奥乔·阿甘本. 万物的签名：论方法 [M]. 蔚光吉, 译. 北京：中央编译出版社, 2017.

[108] 托马斯·库恩. 科学革命的结构 [M]. 金吾伦, 胡新和, 译. 北京：北京大学出版社, 2003.

[109] 爱德华·苏贾. 后现代地理学——重申批判社会理论中的

空间[M]．王文斌，译．北京：商务印书馆，2004.

[110] 路易·阿尔都塞，爱蒂尔·巴里巴尔．读《资本论》[M]．北京：中央编译出版社，2000.

[111] 安贝托·艾柯，斯特凡·柯里尼．诠释与过度诠释[M]．王宇根，译．北京：生活·新书·新知三联书店，2005.

[112] 莫里斯·梅洛庞蒂．知觉现象学[M]．姜志辉，译．北京：商务印书馆，2001.

[113] 乔姆斯基．乔姆斯基语言哲学文选[M]．徐烈炯，译．北京：商务印书馆，1992.

[114] 奥格尔格·冯·福尔马尔．福尔马尔文选[M]．北京：人民出版社，1984.

[115] 包亚明．现代性与空间的生产[M]．上海：上海教育出版社，2003.

[116] 赫伯特·斯宾塞．社会静力学[M]．张雄武，译．北京：商务印书馆，1999.

[117] 杨·盖尔．交往与空间[M]．何人可，译．北京：中国建筑工业出版社，1992.

[118] 菲利普·巴内翰，让·卡斯泰，让-夏尔·德保勒．城市街区的解体——从奥斯曼到勒·柯布西耶[M]．魏羽力，许昊，译．北京：中国建筑工业出版社，2012.

[119] 埃米尔·涂尔干．社会分工论[M]．渠东，译．北京：生活·读书·新知三联书店，2000.

[120] 张一兵．社会批判理论纪事：第1辑[M]．北京：中央编译出版社，2006.

[121] 宋伟. 批判与解构：从马克思到后现代的思想谱系［M］. 北京：人民出版社，2004.

[122] 费孝通. 乡土中国［M］. 北京：北京出版社，2005.

[123] 罗骞. 走向建构性政治［M］. 上海：华东师范大学出版社，2014.

[124] 赫曦滢. 历史的解构与城市的想象［M］. 北京：社会科学文献出版社，2015.

[125] 黄凤祝. 城市与社会［M］. 上海：同济大学出版社，2009.

[126] 刘擎编. 帝国、都市与现代性［M］. 南京：江苏人民出版社，2006.

[127] 包亚明. 现代性与空间的生产［M］. 上海：上海教育出版社，2003.

[128] 罗岗编. 帝国、都市与现代性［M］. 南京：江苏人民出版社，2006.

[129] 薛凤旋. 中国城市及其文明的演变［M］. 北京：世界图书出版公司，2015.

[130] 孙逊，陈恒编. 刘易斯·芒福德的城市观念［M］. 上海：上海三联书店，2014.

二、论文类

[1] 纪晓岚. 论城市本质［D］. 北京：中国社会科学院，2001.

[2] 衡孝庆. 现代性视域中的城市伦理研究［D］. 苏州：苏州大学，2006.

[3] 赫曦滢. 新马克思主义城市学派理论研究［D］. 长春：吉林

大学，2012.

[4] 屈婷. 马克思的城乡分工理论与中国的城市化道路 [D]. 天津：南开大学，2012.

[5] 李邦铭. 马克思恩格斯城乡关系思想及其当代价值 [D]. 长沙：中南大学，2012.

[6] 牛俊伟. 城市中的问题和问题中的城市——卡斯特《城市问题》研究 [D]. 南京：南京大学，2013.

[7] 姚新立. 资本空间化的历程与状况 [D]. 苏州：苏州大学，2013.

[8] 苗圃. 马克思和恩格斯的城市观 [D]. 北京：中共中央党校，2014.

[9] 陈忠，爱德华·索亚. 空间与城市正义——理论张力和现实可能 [J]. 苏州大学学报（哲学社会科学版），2012（1）.

[10] 陈忠. 城市权利全球视野与中国问题——基于城市哲学与城市批评史的研究视角 [J]. 中国社会科学，2014（1）.

[11] 陈忠. 城市社会：文明多样性与命运共同体 [J]. 中国社会科学，2017（1）.

[12] 强乃社. 国外马克思主义的都市社会思想初探 [J]. 社会科学战线，2014（5）.

[13] 强乃社. 空间辩证法视野中的封闭住宅小区及其问题 [J]. 探索与争鸣，2016（11）.

[14] 胡大平. 地点的褪色——空间之商品化生产及其文化后果 [J]. 黑龙江社会科学，2015（1）.

[15] 胡大平. 具体地历史地理解全球化和当代中国的实践 [J].

哲学研究，2000（4）.

[16] 张文喜. 马克思所有权批判及其相关的公平正义观 [J]. 中国社会科学，2016（8）.

[17] 张文喜. 重新发现唯物史观中的法与正义 [J]. 中国社会科学，2017（6）.

[18] 张文喜. 马克思对正义观的重新表达 [J]. 北京大学学报（哲学社会科学版），2017（7）.

[19] 刘怀玉. 历史唯物主义为何与如何面对空间化问题 [J]. 天津社会科学，2011（1）.

[20] 庄友刚. 马克思的城市思想及其当代意义——兼论当代马克思主义城市观的建构 [J]. 东岳论丛，2019（4）.

[21] 邹诗鹏. 空间转向的生存论阐释 [J]. 哲学动态，2012（4）.

[22] 邹诗鹏. 何以要回到历史唯物主义的研究范式 [J]. 哲学研究，2010（1）.

[23] 张汝伦. 西方现代性与哲学危机 [J]. 中国社会科学，2018（5）.

[24] 仰海峰. 形而上学的结构与面向未来的承诺：德里达解读马克思 [J]. 哲学研究，2006（1）.

[25] 仰海峰. 全球化与资本的空间布展 [J]. 北京大学学报（哲学社会科学版），2005（4）.

[26] 李佃来. 历史唯物主义的实践维度与理论维度 [J]. 哲学研究，2017（5）.

[27] 沈越. "市民社会"辨析 [J]. 哲学研究，1990（1）.

[28] 王南湜. 马克思哲学在何种意义上是一种实践哲学？[J]. 马

克思主义与现实, 2007 (1).

[29] 孙周兴. 作品·存在·空间海德格尔与建筑现象学 [J]. 时代建筑, 2008 (6).

[30] 董慧. 秩序与活力：城市文化空间的意义与构建 [J]. 苏州大学学报, 2011 (4).

[31] 吴细玲. 城市社会空间批判理论的正义取向 [J]. 东岳论丛, 2014 (5).

[32] 温权. 发达资本主义社会的网络信息体系与二元城市结构——曼纽尔·卡斯特的马克思主义城市社会学批判 [J]. 自然辩证法通讯, 2019 (9).

[33] 夏莹. 试论黑格尔的"贱民"与马克思的"无产阶级"观念的结构性差异 [J]. 学习与探索, 2019 (3).

[34] 张海夫, 段学品. 市民社会与和谐城市的共生关系 [J]. 宁夏社会科学, 2008 (3).

[35] 路易斯·沃斯. 作为一种生活方式的都市主义 [J]. 陶家俊, 译. 都市文化研究, 2007 (1).

[36] 王雨辰. 历史唯物主义的空间化与差异政治学的构建——哈维《希望的空间》的解放政治学 [J]. 社会科学辑刊, 2018 (2).

[37] 张云非. 资本主义生态危机的批判视界 [J]. 社会科学辑刊, 2018 (2).

[38] 赵景来. 历史唯物主义与空间化问题研究述要 [J]. 马克思主义研究, 2012 (7).

[39] 孙江. 工业资本主义时代的空间拜物教批判 [J]. 学习与探索, 2010 (1).

[40] 傅歆. 空间批判理论与城市正义的构建 [J]. 浙江社会科学, 2018 (5).

[41] 杨大春. 当代性与空间思维转向 [J]. 浙江社会科学, 2018 (7).

[42] 宋德孝. 历史唯物主义对解释学"历史主义困境"的破解 [J]. 哲学动态, 2018 (3).

[43] 龙迪勇. 空间叙事学：叙事学研究的新领域 [J]. 天津师范大学学报（社会科学版），2008 (6).

[44] 王华伟. 空间叙事的身体性思考 [J]. 中州学刊, 2018 (2).

[45] 刘保庆. 空间叙事：空间与叙事的历史 [J]. 云南社会科学, 2017 (3).

[46] 吴宁. 列斐伏尔的城市空间社会学理论及其中国意义 [J]. 社会, 2008 (2).

[47] 汪民安. 空间生产的政治经济学 [J]. 国外理论动态, 2006 (1).

[48] 赵强. 全球化与城市研究：视域缺陷及角度转换 [J]. 苏州大学学报（哲学社会科学版），2016 (6).

[49] 何深静, 等. 快速城市化背景下乡村绅士化的时空演变特征 [J]. 地理学报, 2012 (8).

[50] 杨龙, 米鹏举. 城市群何以成为国家治理单元 [J]. 行政论坛, 2020 (1).

三、英文文献

[1] LEFEBVRE H. Writings on cities [M]. Oxford: Blackwell, 1996.

[2] SMITH N. The New Urban Frontier: Gentrification and the Revanchist City [M]. New York: Routledge, 1996.

[3] HARVEY D. The Right to the City [J]. International Journal of Urban and Regional Research, 2003.

[4] SIEVERTS T. Cities Without Cities: An Interpretation of the Zwischenstadt [M]. Oxfordshire: Taylor & Francis e-Librany, 2004.

[5] SCOTT J C. Scott. Weapons of the Weak: Every Forms of Peasant Resistance [M]. New Haven: Yale University Press, 1985.

[6] LEVINAS E. Totality and Infinity: An Essay on Exteriority [M]. The Hague: Martinus Nijhoff Publishers, 1979.

[7] PAPAYANIS N. Planning Paris before Haussmann [M]. Baltimore: The Johns Hopkins University Press, 2004.

后　　记

　　2014年9月，我从辽宁大学哲学系毕业，来到梦寐以求的中国人民大学哲学院，一直到2020年博士论文即将答辩之际，倏尔已过六年。伏于桌前，这六年的点点滴滴浮现出来，恐怕无法在简短的致谢中道得尽一二。

　　感谢我的导师张文喜教授。张老师在治学上堪称"攀登者"，我时常在阅读老师的文章时体会到哲学思辨的精妙和现实关怀的温度。他总是能将道理剖析得极为深刻，每每读来，常有醍醐之感。面对张老师，我时常为自己的无知浅薄而惶恐，是张老师的谆谆教导使我学会了谦卑的态度和踏实的行动。在生活中，张老师是一位"苦行僧"，张老师时常教导我们勤奋学习的同时要兼顾体育锻炼。张老师几十年如一日的身体力行常常令我为自己的懒惰和散漫而羞愧不已。如果说自律才能自由，那么张老师在这个方面一定获得了极大的自由。我从未见过如此勤谨之人，所幸这个人就是我的导师。我钦佩张老师始终如一的科研精神和踏实努力的治学态度，张老师是我一生都要追随的标杆！

　　感谢我的母校中国人民大学，能在此求学是我一生的荣幸。实事求是的校训和国家栋梁的精神将照亮我未来的科研之路。感谢哲学院马哲教研室的诸位老师，陈先达老师、郭湛老师、郝立新老师、马俊峰老师、徐飞老师、张立波老师、臧峰宇老师、常晋芳老师、罗骞老师、陈世珍老师等。这六年间，我听过每一位老师的课程，有历史感深厚的教导，有旁征博引的讲述，有涓涓细流般的言说，也有当头棒喝般的激励。中国人民大学哲学院培育了我，在此向各位老师致以诚挚的谢意！

  感谢国家留学基金委的慷慨资助，使我能有机会赴美学习、开拓视野。感谢我的外导普渡大学哲学系的 William McBride 教授。教授每两周召开的讨论会令我收获颇多，教授耄耋之年仍然精神矍铄、思路清晰，令人印象深刻。

  感谢我的父母亲人，他们总是默默地支持我。求学的六年间我很少回家，其中长达一年半的时间，我都在国外学习。他们从来没有因为只有一个女儿，就自私地将我留在身边。他们总是默默地支持着我，给予我最坚实的臂膀。感谢我的丈夫，他勤勉工作，为我提供了坚实的后勤保障，才能使我这一"无用之人"免于为衣食担忧。

  最后，本书得以最终出版，受到北京科技大学马克思主义学院各位领导和老师们的资助支持，在此致以诚挚的谢意。

  还有很多很多曾经帮助过我的同学与朋友，这里难以一一列举，一并向其致以诚挚的感谢！

耿芳兵
2023 年 5 月 16 日于北京